本书的出版,得到了中共同安区委宣传部、区社科联、区文联等单位的鼎力支持,向以下顾问表示诚挚谢意:

林国财　何岚岚　林拥护　林永富　吴永红　申长清

同安文话

黄文水 著

中共厦门市同安区委员会宣传部
厦门市同安区社会科学界联合会 （编）
厦门市同安区文学艺术界联合会

厦门大学出版社
国家一级出版社
全国百佳图书出版单位

图书在版编目(CIP)数据

同安文话/黄文水著.—厦门：厦门大学出版社，2019.8
ISBN 978-7-5615-7602-1

Ⅰ.①同…　Ⅱ.①黄…　Ⅲ.①人物—列传—同安区—现代　Ⅳ.①K820.857.4

中国版本图书馆 CIP 数据核字(2019)第 200349 号

出 版 人	郑文礼
责任编辑	王鹭鹏
美术编辑	拙　君
技术编辑	朱　楷

出版发行	厦门大学出版社
社　　址	厦门市软件园二期望海路 39 号
邮政编码	361008
总　　机	0592-2181111　0592-2181406(传真)
营销中心	0592-2184458　0592-2181365
网　　址	http://www.xmupress.com
邮　　箱	xmup@xmupress.com
印　　刷	厦门集大印刷厂

开本　787 mm×1 092 mm　1/16
印张　15.25
插页　2
字数　231 千字
印数　1～4 000 册
版次　2019 年 8 月第 1 版
印次　2019 年 8 月第 1 次印刷
定价　60.00 元

本书如有印装质量问题请直接寄承印厂调换

厦门大学出版社　厦门大学出版社
微信二维码　　　微博二维码

序一

古同安今厦门，古韵今风话同安。

同安，三面负山，东南襟海，东经一百一十七度至一百一十八度，北纬二十四度。大同安，凭抚厦金两岛，琯毂泉漳二郡，扼守着闽南金三角的枢纽。勾海连山的同安，进可出海，退可入山，地理位置得天独厚。

清康熙时《同安县志》序言云："闽之胜在泉。泉自府治而外，其胜在同。"除拥有"同安"这一一千七百多年历史的古称外，它还有"同邑""银同""银邑""银城""铜鱼城"等别称。"同于闽为望邑"，同安，素有"海滨邹鲁之地，声名文物之邦"美誉。

明代同安名士池显方的《大同赋》流传甚广，赞"同邑"云："至大轮，见山水迤逦，峰峦秀媚，其所钟灵，必多怪瑰。"同安，钟灵而毓秀，地灵而人杰，文脉绵远而流芳。

清乾隆时《同安县志》记载："同邑英贤，遂甲于闽海。"同安"以船为车，以楫为马，以海为田"的地

理环境，塑造了同安人坚韧不拔、开放包容的性格，催生了敢作敢为、勇于担当的"同安精神"。

夫山川之精，淳发为人，顶天立地皆人也。同安民谚有"未有同安先有许督"之说。许督即西汉武帝时的开闽将军许滢，他曾驻师营城（今同安小西门），因此，《同安县志》及民间用"许滢开疆两千载，朱熹过化八百年"来概述同安的开发史和文明史。

许滢开疆两千余载，同安历代英贤竞立。同安是厦门历史文化之根，在浩瀚的历史长河中，同安人才辈出，灿若群星，他们或以理学名，或以风节胜，或以循吏传，或以廉能著。席卷闽南历史的烟云，翻开卷帙浩繁的同安志，他们响亮的名字镌刻在同安这片土地上——

开疆立武许滢、民间医圣吴夲、钟表鼻祖苏颂、理学名宦林希元、一代直臣洪朝选、民族英雄陈化成、语言大师卢戆章、旷世奇才辜鸿铭、华侨旗帜陈嘉庚、万婴之母林巧稚……他们的业绩彪炳史册、辉映古今。

欣逢盛世，兴文之风，扑面而来。早在二〇一三年同安孔子文化节，同安区委宣传部、同安区文联联合厦门晚报社，启动大型文化艺术人物系列报道——"同安文话"，对话当代同安文化艺术代表人物，这些大写的同安人，扎根同安沃土，传承千年文脉，展现了人文同安新景观。

壮丽七十年，阔步新时代。二〇一九年，适逢庆祝新中国成立七十周年，在同安区委区政府重视下，在同安区委宣传部指导下，沉淀六年再出发，深度回

访、记录当代同安文化艺术界三十位代表人物及一个代表性文化项目。

名家、学者、传承人,他们是古同安文脉绵延的薪火传承人,他们是新中国成立七十周年同安文化的发展见证人,他们是当代同安文艺的持续创新者。

本书采录的三十位当代同安文艺界代表人物,仅是同安众多贤达的一部分,口述历史,深度专访,"纪其姓氏,载其事实",为同安留存一份文化底稿。同时,本书图文并茂,对于考古酌今,丰富同安文艺的深度、广度、厚度,具有历史和现实意义。

党的十九大报告指出,坚持社会主义核心价值体系,必须更好地构筑中国精神、中国价值、中国力量,为人民提供精神指引。习近平总书记围绕文化自信作出一系列重要论述,强调"坚持文化自信是更基础、更广泛、更深厚的自信,是更基本、更深沉、更持久的力量"。他强调,文艺作品要坚持"为人民抒写、为人民抒情、为人民抒怀",以人民为中心。多年来,同安区委致力于"文化强区"建设,厚积文化软实力,锻造文化影响力,为富美同安高质量发展落实赶超提供智力支持和精神动力。

本书的出版,不仅献礼新中国成立七十周年,还展现同安文化底蕴,犹如打开通往同安文化隧道的出口,辟出展现同安人"同安精神"的窗口。

二〇一八年年底,同安区出版点校本《大同志》,其中《同安县志》序言载:"后之人试取是书而读之,人情土俗,虽足不出户,当必有如登三秀,跨天马,

陟鸿渐、莲花诸峰，凭眺金、厦二岛，手劈丹荔，口嚼江瑶，与许顺之、林次崖讲学，许钟斗论制议，洪芳洲说诗文，蔡元履谈经济，丘钓矶、黄文炤啸烟霞，而共乐此土风之厚者。"

同安文话，话同安人。细读本书，我被该书所状同安人的精神境界所感动，不只写人、事、物，从该书的客观记录和洞察中，感受同安文化的温度和情怀，或可"共乐此土风之厚"，从中读懂同安；或恍如与故人相见，清风徐来，水波不兴；或行走于时光隧道，照见一位位大写的同安人，看其对文脉的精心守护，对土地的深沉眷恋。

是为序。

二〇一九年七月

（序者系中共厦门市同安区委书记）

序二

如今,我们已经来到一个时空转换极为便捷的时代。

我们可以在一瞬间,通过网络,让精神穿越不同文化;我们也可以在短时间,通过飞机、高铁,让身体跨越不同国家。

于是我们越发把远方视为理想,把他乡视为灵魂的故乡。我们开始争先恐后地把目光投向明天,把心灵停泊在下一个港口。我们所拥有的,从未像今天这样丰裕,可是,接踵而来的并不是我们期待已久的幸福,恰恰相反,我们似乎从来没有过这样的虚无。

所幸,再嘈杂动荡的世界里,也不缺安静而执着的人。这本书里所讲述的故事,就是这样一群安静而执着的人。这群人,扎根在一片沃土之上,慢慢耕耘。他们以生命所经历的时光为经,以双脚踩过的地点作纬,一经一纬,编织而成故事。

而我想讲述的,也是这样的一个人,这样的一个故事——作者黄文水的故事。

我和文水兄迄今只有两次相见,都源自我的两次

公益活动。

第一次相见,是"新孩子"乡村阅读公益行,我只身一人在一年中走进全国一百所乡村学校,免费做了一百九十六场讲座推动阅读,并于二〇一四年年底来到厦门同安,文水兄前来采访,在《厦门晚报》上为我做了一个整版的专访。看见专访内容,我有点惊奇:他的文章中,把我讲座所传播的阅读方法,进行了简洁、清晰的提炼。这样的文章,不仅需要不一般的笔头功夫,还需要对所报道对象的一片热忱。

第二次相见,是二〇一七年十二月启动的"童喜喜说写课程"全国百万公益巡讲。这一次,把第一站放在厦门同安,我带着团队前来,六人在四天中完成八十场免费讲座,指导父母们如何以说写课程深化阅读。这一次,意料之外又是情理之中的,我又见到文水兄。我俩一见面就大呼小叫,嘻嘻哈哈,完全就是老朋友。

在第二次见面中,让我至今记忆犹新的是文水兄向我介绍厦门的风土人情。他为我讲述哪座寺庙有着怎样的来历,哪尊佛像有着怎样的奇遇,如数家珍。我不仅被他讲述的故事感动,更被他讲述时的真情流露感染。

在读到这本《同安文话》时,我的眼前又浮现出文水兄真挚热忱地向我介绍厦门风土人情时的样子。我相信,他以文字的方式讲述的这一切,一定也能感动、感染更多人。

更重要的是,读着这样的故事,或许可以让我们

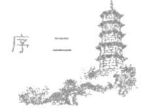

学会回望。在无限向往诗与远方的时代里,我们还应该学会发现身边的人,身边的美。这本书里的每一个人,我们都可以在身边找到,我们自己也可以成为这样的人。文化和文话,前者以文化人,后者以文话人,前者催生花开,后者记录花开。只有人人花开,才是最美的绽放。

正因如此,当文水兄邀请我为本书作序时,尽管正是我为各种事务忙得喘不上气的时候,但我仍然无法拒绝。

归根结底,幸福永远存在于当下。哪怕是明天与远方,也是通过每一个当下的脚印,逐步抵达。如果我们能够认识到每一个人都是一道独特的风景,生命就会怒放,我们的精神才会真正的丰盛,我们的生活将会真正的富足。

相信这一本独特的书和这一位特别的朋友,将为更多生命花开赋予力量。

二〇一九年七月

(序者系全国"五个一工程"奖获得者、全国著名儿童文学作家)

目录

01 吴斗兴：镌刻地名，留住悠悠乡愁 / 5
——厦门市行政区划与地名研究会副理事长、厦门市地名专家组成员

02 蒋大营：代言同安，播种乡土文化 / 13
——全国优秀教师、同安方言专家、民俗专家

03 汪宗辉：扎根人民，方言讲古几十年 / 20
——厦门方言讲古市级非遗代表性传承人

04 卓来治：老骥伏枥，舞动同安风情 / 26
——同安车鼓弄省级非遗代表性传承人

05 洪树德：沉潜守艺，泥韵火魂耀珠光 / 32
——同安珠光青瓷省级非遗代表性传承人

06 颜立水：拓荒金同，翔集"同安兵马俑" / 40
——厦门地方史专家、原同安县文化局局长

07 陈金城：皓首穷经，留下"同安记忆" / 49
——厦门地方史志专家、新《同安县志》《同安区志》副主编

08 叶水湖：如椽大笔，书写人生传奇 ／ 56
　　——厦门书法家协会顾问、厦门著名书法家

09 吕实力：沐风栉雨，芗剧飘香海内外 ／ 63
　　——厦门市戏剧家协会理事、同安吕实力芗剧演出团团长

10 彭炳华：修史立传，传承红色基因 ／ 70
　　——福建省优秀文史工作者、厦门党史专家

11 严宗珍：铁画银钩，绘就同安画卷 ／ 79
　　——中国现代民间绘画优秀辅导员、书画印"三栖名家"

12 许友金：痴"谜"不悔，让人一猜几十年 ／ 87
　　——全国知名谜家、同安灯谜"五虎将"之一

13 许梗汉：史海钩沉，同安闲不住的"野鹤" ／ 94
　　——福建省文物普查员、同安区政协优秀文史撰写员

14 何金挺：徒手行艺，勾勒大美同安 ／ 101
　　——厦门著名画家、同安速写第一人

15 林银花：留住乡音，重拾同安老手艺 ／ 108
　　——"中国好人榜"助人为乐好人、同安腔老年发音人

16 袁和平：苦心孤诣，推动三项目入省遗 ／ 115
　　——厦门作曲家、同安区文化馆原馆长

17 廖水深：静水流深，办起全省首家电影博物馆 ／ 121
　　——全国农村电影工作先进个人、福建省电影家协会理事

目录

18 柯国庆：根植乡土，描绘时代变迁 / 129
——同安农民画市级非遗代表性传承人

19 刘团结：古法匠心，添香"舌尖厦门" / 136
——厦门古法酱油酿造技艺省级非遗代表性传承人

20 吴招治：包容人生，传承同安味道 / 143
——同安薄饼制作技艺省级非遗代表性传承人

21 刘良阵：躬耕基层，守望乡村文化 / 151
——"福建好人榜"敬业奉献好人、全省岗位学雷锋标兵

22 何东方：看见同安，定格银城历史 / 157
——厦门知名摄影家、同安摄影事业奠基人之一

23 宋永贤：阮厝的溪，溪水流真远 / 167
——福建省曲艺家协会副主席、曲艺名家

24 黄亚彬：牡丹传情，剪云披雪蘸丹砂 / 177
——厦门知名牡丹画家

25 潘正洲：一路追梦，为军民放歌 / 183
——厦门红盾之声、同安歌唱家

26 洪参议：呕心沥血，拯救"大山的灵魂" / 190
——同安莲花褒歌省级非遗代表性传承人

27 林丽虹：博采众长，粉墨人生唱传奇 / 197
——同安歌仔戏市级非遗代表性传承人

28 李伟新：入古出新，抒写书艺新境界 / 203
——中国书法家协会会员、同安书法家

29 江开良：兼收并蓄，传承正统阵势 / 210
——厦金宋江阵市级非遗代表性传承人

30 郑天泗：重铸锡魂，断层百年再延续 / 216
——同安锡雕省级非遗代表性传承人

31 国祺中学：承续不辍，御前清音传习两世纪 / 223
——全国（南音）特色学校

后记 / 232

吴斗兴：
镌刻地名，留住悠悠乡愁
——厦门市行政区划与地名研究会副理事长、厦门市地名专家组成员

地名,社会发展的化石,区域文化的载体,地方认同的符号。对远离故乡的游子而言,地名是他们魂牵梦萦的牵挂,记住了地名,就不会忘记回家的路。一直以来,吴斗兴从事的就是艰辛烦琐的地名普查、调研、命名、更名等工作。

"地名文化是中华传统文化重要组成部分,尤其地名,能够留存历史,留住乡愁。"地名关系国计民生,在朴实的地名工作中,吴斗兴记录着城市发展的脉络,在岁月的痕迹中,尽管扑朔迷离,却有了追根溯源的依据。

一

人有人名,地有地名。近年来,随着厦门城市发展,市政设施不断完善,地名命名工作任务繁重,作为同安地名专家,吴斗兴常受邀参与命名。银湖大桥、必达天桥、化成路、颂园路……都是他命名的,同安工业集中区、城南工业区、城东工业区、环东海域新城等众多新路也是由他命名的。

吴斗兴参与同安银湖大桥命名

　　二〇一七年建成，必达天桥是以清朝福建水师提督吴必达名字命名的，吴必达是同安溪边人，清雍正八年武进士，官至福建水师提督。溪边与潭仔尾毗邻，溪边多吴姓，潭仔尾多叶姓，历史上两姓不和，溪边人想借吴提督的官势压制对方。吴必达知道后，劝导族人要睦邻里，友乡亲。吴必达以身示范，现存吴必达故居右侧护厝比左侧护厝窄了几米，只因故居右侧和护厝间留足了巷子的宽度。吴必达虽官至水师提督，却礼让叶姓邻居，叶姓居民深为感动，从此，两姓和解，成为好邻居。吴必达的至理名言——"有千年的潭仔尾叶，无百岁的吴提督"，这是一则著名的地名谚语。

　　二〇〇三年十月十九日，厦门市最年轻的行政区——翔安区，从同安区划分出来。翔安区的命名，吴斗兴参与其中。他讲述，新区取名"翔安"的缘由与寓意：早在宋代时，今翔安区的马巷、新店、大嶝三镇（街）和金门县辖区称"翔风里"，今马巷另一部分及内厝镇为"民安里"，命名时各取其一，合称"翔安"。此外，翔安源自同安，都有"安"字，体现两区之间的渊源，"翔安"也寄托展翅飞翔、平安吉祥的美好寓意。

　　不仅如此，吴斗兴联合颜立水、彭一万等专家，为"翔安隧道"的最终命名发挥重要作用。二〇一〇年四月二十六日，中国大陆第一条海底隧道——厦门翔安海底隧道建成通车。通车前夕，这条具有时代标志性意义的跨海隧道的命名引发关注。吴斗兴回忆，一开始，部分专家建议以"厦门"命名这条意义非凡的隧道，不过，他和颜立水、彭一万等专家力排众议，提出不同看法：一是厦门本身知名度已经很高，而翔安是新区，若以"翔安"命名隧道，能够更好地宣传、带动翔安新区发展；二是作为新建成的跨海通道，之前的海沧大桥、集美大桥，都有以岛外区名进行命名的先例。最终，这一命名建议以多数票通过。"恰如当时的预见，翔安隧道建成与命名，对该区的发展发挥了极为重要的作用。我们的命名建议，经得起时间的检验。"吴斗兴为当年新区和隧道地名命名工作感到欣慰。

　　一九八三年，刚从同安县科委调到同安县地名办公室的吴斗兴，开始从事地名命名工作，有些不适应。在当时，地名办属冷门单位。一九八四年四月至十一月，同安县开展政社分开和行政区划名称的命名与更名工作，吴斗兴直接参与了

同安县所属的一镇、五乡和二十九个村民委员会名称的命名与更名。其中,城关镇更名为大同镇,马巷公社改为后滨乡,巷东公社改为内厝乡,策槽公社改为西柯乡,果园公社改为五显乡等。

吴斗兴说,城关镇更名为大同镇时一度被人误解,不过,他认为,地名是历史形成的,命名与更名要以历史唯物主义为指导,从实际出发,深入调研,查阅资料,访问相关人士,尊重民意,找出命名与更名的依据。从对地名工作知之有限到热爱地名工作,吴斗兴认为,地名虽是一门边缘学科,但知识面广、真实性强,地名文化更是源远流长,研究地名的由来、演变、规律等,对一座城市至关重要。

二

一九八四年八月,吴斗兴发起设立"同安县地名学研究会",他是首任理事长,有会员二十五人,其宗旨在于"调动社会各方力量,积极参与地名学研究和地史资料的挖掘工作,促进地名工作的深入开展"。多年来,吴斗兴积极提供地名咨询服务,帮助华侨、华人、台胞等寻找祖籍地,助其寻根认祖。

吴斗兴说,华侨、华人、台胞等所寻找的地名,大多是民国以前的旧地名,随着时代发展,有的已经改名换姓,有的废止消失,有的存在谐音、口头传达失误等问题,"这迫使我们边开展地名咨询,边搜集整理地名资料"。长期以来,吴斗兴注重搜集整理古旧地名资料。

一九八九年四月,他从一位道士家中,征集到一本记载清代同安县各保所辖村落名称的手抄本,补充了《同安县志》未记载保辖村的不足,成为开展地名咨询的宝贵资料。他举例,一位来自台湾的蔡先生,曾三度回同安查找"下店"祖居地,因不知下店以前属于哪一个保,第一次、第二次都是地名与姓氏对不上,蔡先生失望大哭而去,但他仍不死心,第三次再到同安寻找,吴斗兴根据新得的这本手抄本,很快帮助蔡先生找到位于集美区灌口镇的下店祖家。

改革开放以来,前来寻根问祖的人越来越多。二〇一〇年,广东下田吴姓寻亲团托人找到吴斗兴,希望帮忙寻找位于同安的祖籍地。寻亲团描述,开基祖吴

朝伯原籍同安县,据祖辈相传,吴朝伯自同安流落到广东,是在三百多年前,其母是同安县逃任乌涂园乌鸦地郑氏妈,吴家宗祠有"燕怡堂"字号。

吴斗兴根据地名资料,同安并无逃任、乌涂园、乌鸦地地名,但有乌涂地名。实地访查发现,乌涂全是徐氏族人,并无吴姓。因"石浔"与"逃任"闽南语近音,又是吴姓聚居地,再次前往寻亲,不过种种迹象表明,并非所要找的祖籍地。第一次寻亲未果,隔月寻亲团再度来到同安,经人指点,要往同安深山寻找。吴斗兴和宗亲吴鹤立想起位于深山之中的造水郑宅自然村,这里是吴姓聚居地。经宗亲吴稳水介绍,当地有奉祀蔡妈的习俗,郑宅村还有"乌鸦下田"这一地名,与"乌鸦地"十分接近;从两地肇基时间看,郑宅有四百多年历史,下田吴姓有三百六十多年历史,情形接近。不过,"逃任"又该如何解说呢?经访查,郑宅古时全称为"同安县造林溪堡郑宅村",闽南话的"造林"与碣石话的"逃任"发音几乎相同,也就是说"逃任"即"造林"。"水从源流树从根",广东下田吴姓认定郑宅为其祖籍地,从此两地吴姓一家亲。

吴斗兴坦言,沧海桑田,一些旧村落已成废墟,一些旧地名早已消失,或者

吴斗兴参与编著的书籍

"改名换姓"了,地理环境的变化,让寻根认祖者茫然无措,"根在哪里,祖在何处,帮助他们寻根觅源,认祖归宗,是地名工作者义不容辞的责任"。

三

随着时间流逝,城市改造更新,一些旧地名淡出历史,那些有着地方历史印记,隐藏历史信息的旧地名,在吴斗兴的访查中得以记录保存。比如同安城内,原有四十七个旧地名,除了九个仍在沿用,其余三十八个旧地名成为历史,鲜为人知。对这些消失的旧地名,吴斗兴逐个访查。

市头崎,银城影剧院门口埕附近,相传当时该地为集中买卖货物的固定场所,又是县衙通大西门路第一个不平之地,故得名。月眉池,原池在同安后城路,民国版《同安县志》记载:"月眉池在西门内,形若半月。"四空井,后炉街与三秀街交界处附近,四空井为旧县志记述的"五芦十井"中的西井,大旱不涸,水极香甜,可惜在二十世纪九十年代旧城改造时被填。

在他的记录中,还有大量同安的老街巷。桂花巷,在同安电影公司办公楼北侧,因巷边余家大院有棵参天桂花树,故以花名为巷名。担水巷,旧三秀路北侧,该巷有口宋代古井,水极甘甜,且大旱不涸,昔时巷里有多个居民(如担水枝仔)以担水沿街叫卖为生,故名"担水巷"。补雨伞巷,银城影剧院西侧,当时该巷居民多为福州人,大多以修补雨伞为职业,才有了补雨伞巷这一地名。

不仅走街串巷寻访旧地名,吴斗兴还参与了一九八三年同安县的岛礁普查。历时一年,对同安全县岛礁进行全面普查,通过实地核对和地名标准化处理,在海图上重新标注了四个岛礁和五十七个礁石,制作出同安县岛礁一览表、岛屿分布图、岛礁卡片和岛礁文字资料。吴斗兴回忆,当时普查要坐船出海,找当地渔民当向导,坐的船是小渔船,遇上风浪常摇摇晃晃,普查明礁、干出礁容易些,普查暗礁则相当危险,一不小心可能触礁沉船。

平时,吴斗兴还注重同安地名文化的挖掘与整理,同安流传许多与地名有关的谚语。今龙海市角美原属同安,龙溪建县时划部分归龙溪,海澄建县时又划部分归海澄,角美成为三县边角。一条角美街,分别属同安、龙溪、海澄三个县管辖,

于是民间有"一板豆腐卖三县"的谚语。"沉湖"是同安"莲湖"的俗名,现属祥平街道陆丰社区。沉湖位于西溪旁,地势较低,周边多溪沙埔,离县城虽不远,但以前交通闭塞,仅有一条小路与外较场相通,行人稀少,于是有"全县走透透,沉湖还没到"的谚语。

四

台湾的许多地名,记录着同安先民的行迹。吴斗兴说,同安与台湾地缘相近,文化相承,语言相通,习俗相同,历来沾亲带故。台中市就有"同安厝"地名,郑成功收复台湾后,其部将刘国轩驻兵于此,许多同安人移入此地参与垦荒。同样,在彰化县八卦山东麓有"同安寮",据《台湾地名研究》记载,"最初闽省泉州府同安县的移民在此筑寮屋,故名"。台北有化成路,吴斗兴考证,丙洲岛是郑成功抗清复明的前哨基地,许多丙洲陈姓村民参军后随军入台,留在台湾繁衍生息。陈化成十六岁时随伯父陈大永在台湾读书习武,后殉国,人们为纪念这位民族英雄,台湾光复后,通往陈化成幼年读书习武处的一条道路就被命名为化成路。

在同安和金门,还流传着"无金不成同""无金不成银"的谚语。金门旧名浯洲,与同安一衣带水,近在咫尺,同安的角屿与金门的后屿相距仅四里地,海水退潮,两地居民即可踏泥过海到对岸,天然的地理环境和人为区域划定,形成了"无金不成同""无金不成银"的深厚渊源。

吴斗兴说,金门于一九一四年从同安析出置县,同安县与金门县两县村落名称有许多相似之处,他从中发现命名的规律,为地名命名、地名管理和地名咨询服务。他举例,以"厝""宅"做通名的村落遍布于地势平坦、人口较为密集的地带;以"山""坑"做通名的村落大量出现在丘陵地带;以"坂""埔"做通名的村落屡见于坡度微小而面积略大的地方;以"边""垱"做通名的村落多在某些实体的附近;以"塘""湖"做通名的村落常处于溪涧少的地区。

不仅如此,吴斗兴还参与编写《福建省地名词典》(同安县部分)、《福建省海域地名志》(同安县部分)、《厦门市地名志》、《同安县志》、《同安县民政志》、《同

安县地名志》、《同安老区史略》等众多志书，为同安地名文化留下了珍贵的历史档案。

知人之鉴

颜立水（原同安县文化局局长）

吴斗兴是一位有三十多年地名工作经验的老专家，同安县（含今翔安区）的山村海岛、城镇街巷，都有他的足迹。从地名普查、命名，从《同安县地名志》《厦门市地名志》的编写，到同安区域内的地名资料的整理、核实，饱含他辛勤的汗水。他还利用熟悉地名资料的优势，为海内外同安乡亲寻根谒祖排忧解难，称他为"寻根专家"名副其实。

方文图（著名文史专家、地方志专家）

同安地名办吴斗兴等同志热心努力编成的《同安县地名志》，弥补了《同安县地名录》之不足，《同安县地名志》详于地名由来，记录人文古迹，提供了地名使用及研究的需要，更有利于海内外寻根溯源参考，用途显著，影响深远。

人物名片：

吴斗兴，同安人，一九三八年一月出生。一九六三年，福建师范大学地理系本科毕业，科技管理工程师。曾任同安县地名委员会副主任、县地名办公室主任，从事地名工作近二十载。曾被福建省民政厅、省地名委员会评为"组织指导地名工作先进个人""沿海岛礁地名普查工作先进分子"。退休后仍热心地名工作，现为厦门市行政区划与地名研究会副理事长、厦门市地名专家组成员、同安区区划地名工作专家顾问组成员、翔安区区划地名工作专家顾问组成员、同安区地名学研究会理事长。

蒋大营：
代言同安，播种乡土文化
——全国优秀教师、同安方言专家、民俗专家

在同安,他是一位传奇人物,即便年过八旬,仍精神矍铄,热衷于著书立说,曾以一己之力,完成同安话第一本词典,教育界人士惊叹:"他的创新与热情,与年龄一点也不相称。"

他还是特立独行的教育工作者,作为国家级优秀教师,他从代课教师入行,从教四十三年,开设了名师工作室,培养了众多名校长和名师。退休了他也闲不住,引领一批批同安教师爱上闽南文化,播种闽南文化。

在很多人看来,他很牛,有人说他大器晚成,在退休后的二十年间,编写出版图书二十多本,不仅是因为厚积薄发,还在于他对闽南文化有独到见解,对文化传承有紧迫感、危机感和责任感。

一

一九九九年退休,"退休后就解放了,我的事情我做主"。蒋大营退休后第一件事,就是去同安环城路边的小店置办"家伙",他花了八十多元,买了一张小办公桌,准备"大干一场"。此后二十多年,他大部分时间都窝在这一张小小的木质办公桌上,笔耕不辍,著作之丰,令人惊叹。

他是土生土长的同安人,生于斯长于斯,对这一片土地满怀深情。退休后,终于有了自己的时间。他讲述,当时看到不少旅游景点复古,那些乡村的老水车、晒谷场的簸箕等老物件,都能成为展品,不免让人感叹与怀旧。蒋大营认为,这是"经济社会的人文回归"。

"为什么我们不能从这里入手,专门搜集那些以前有,现在却没有的老物件?"于是,他从二〇〇五年开始,带着同安区第一实验小学的教师团队,着手《尘封的收藏》一书的筹备,二〇〇八年,蒋大营主编的《尘封的收藏》一书出版。

"打竖四角亭,打横像金銮,孩儿唱北曲,父母心不安",这是闽南方言谜语,谜底就是"椅轿";"一座四角城,驻兵近百名,一旦城门开,损兵一名",这是闽南方言谜语谜底是"火柴"。全书记录五十种消失的老物件,每一种的开头都有四句闽南方言,就像童谣一样,朗朗上口。油灯、烟吹、春牛图、柴屐、火窗、眠床、电影布、肚猴钩……这些尘封的收藏,记载着前人艰辛的劳动和生活,

承载着先民的智慧和抗争,记录着翻过的历史,也是农村的真实写照,还是解读故乡历史的生动教材。

《尘封的收藏》一出版便引发广泛关注,这也是同安区第一本浸润乡土文化的校本教材,唤醒老一辈尘封的记忆,帮助同安的年青一代了解那些蕴于斯、滋于斯、存于斯、遗于斯的乡土文化。"这本书读起来很亲切,大人、小孩都爱看,家长和孩子抢着看,勾起了许多家长的童年回忆。"蒋大营说,全书图文并茂,很多照片拍不到,就到景区去拍,比如到云水谣拍水车;没有的物件,就请师傅复原做样。

《尘封的收藏》是"印象同安"三部曲的开篇之作,《远逝的声影》《淡漠的民俗》于二〇一〇年和二〇一二年相继出版。《远逝的声影》是挖掘闽南文化的又一力作,全书介绍了五十种旧时代同安城乡的"门口生意",呈现小货郎、商贩、小手艺工匠服务农业、农村、农民的具体情景,地方特色鲜明,人文内涵深刻。"各行当的叫卖声就是乡音,也是农耕时代的印记,勾起人们的乡愁。"《远逝的

蒋大营退休后埋头著书

声影》还是由蒋大营主编。他说，作者们习谙民间掌故，追昔逐往，描摹事物绘声绘形、有情有景，犹如展开了一幅幅古意盎然的民间生活画轴，堪称同安版的《清明上河图》。

挖掘闽南文化的收官之作《淡漠的民俗》，则涵盖婚、丧、喜、庆、礼、节等民俗，将其一一展现在读者面前，与《尘封的收藏》《远逝的声影》共同构成闽南民间风俗文化的"物、声、俗"。"这是一套完整的关于闽南文化的校本教材，富有生活气息，让孩子热爱家乡，传承优秀的乡土文化。"蒋大营说，"印象同安"三部曲由福建教育出版社出版，以最同安的方式来诠释闽南文化。这种深入挖掘地方文化作为校本教材的做法，在全省教育界引发热议，被广为借鉴。

蒋大营在双溪讲古场开讲同安故事

二

为乡土文化建档，留住乡情乡愁。在蒋大营看来，这些高产、质优的乡土文化丛书，就是"土特产"，而这离不开他本人的生活阅历，蒋大营从小生活在同安农村，对生活"很严肃很认真"。方言典故、传统美食、闽南童谣、儿戏童玩等信手拈来，即便现已年过八旬，年轻时候的事情，仍历历在目。

二〇〇八年十月，蒋大营主编的"同安风情丛书"由福建教育出版社出版，一套六册，分别是：《同安名胜古迹》《同安民间故事》《同安传统饮食》《同安方言典故》《同安儿戏童玩》《同安儿歌童谣》。丛书源于传统，采自坊间，原汁原味，体现同安区域文化特色，作为校本教材，按年级分为六册，以之为据在同安区第二实验小学开设以同安风情为内容的校本课程。

蒋大营说，"同安风情丛书"的出版，让读者通过童谣，重温远去的童音，

追忆逝去的文化，感怀质朴的童真；借助名胜古迹，从时空隧道走出来，既锻炼身体，又升华精神；聆听民间故事，开拓视野，丰富知识，了解故乡的历史；通过传统饮食，领略同安饮食文化，咀嚼品味精神的丰富；借以熟悉方言典故，学习同安话，让口耳相传几千年的方言得以延续；通过儿戏童玩展示，增强儿童动手能力，培养艰苦朴素的作风。

"同安风情丛书"出版过程中有不少插曲。女教师陈束贤负责《同安传统饮食》一书插图，旧时的饮食大多失传，要找照片不容易，陈束贤走街串巷，回娘家搬救兵，跑了很多路，流了很多汗，好不容易把一百多张照片拍齐，存进学校电脑，不料，统稿当晚，打开电脑时，照片全丢了，她急得头发胀，泪直流，大家的安慰也唤不回照片，只能从头再来。《同安儿戏童玩》一书中，提及的许多玩具早已失传，许多玩法已无人知津，时任同安区第二实验小学校长的陈少敏自告奋勇担任导演，他带着十多位学生，到有年代感的墙边，重温"挤油"游戏，介绍玩法后，他亲自上阵示范姿势。陈少敏还带着学生到池塘边练习"打水漂"，差点引起路人误会，"这校长怎么把学生带坏了"？

"同安印象"三部曲和"同安风情丛书"，只是蒋大营主编的闽南文化丛书的代表，他秉怀对乡土文化的热爱，对教育的深情，对传承的担当，不遗余力做一件事，成一件事。广博的见闻，源自他日复一日年复一年，从不间断的积累。

他常常提醒自己，要做一个生活的有心人，他废寝忘食，长年累月搜集、记录。蒋大营喜欢用小纸片记东西，一段时间再将小纸片记录的内容整理到本子上，集腋成裘，聚沙成塔。他从一九五七年当代课教师开始，这个习惯一坚持就是半个世纪。他也总在床头的枕头底下放一把小手电筒，晚上躺下后，往往一个多小时才能入睡，习惯用这段时间对生活"过电影"，寻找创作的灵感，有了点滴"亮点"，哪怕是三更半夜，他也会从被窝里掏出小手电筒和纸片记录，以免睡后忘记。到了后来，他不管是吃饭还是出门，总是带着纸片和笔，随时随地记录东西。

三

"宁卖祖宗田，勿忘家乡言"，蒋大营在自己的著作《同安方言语汇》扉页上，

写下这样两句话。他不仅是民俗专家,也是闽南方言专家。二〇一二年十一月,《同安方言语汇》一书正式出版,全书六十六万字,可谓鸿篇巨制。他耗费十年时间,以一人之力完成该书,出版社称赞他"有胆量有毅力有决心"。

语言学家盛赞,闽南话是古汉语的活化石。闽南话的故乡在厦门、漳州、泉州,其中,同安地处闽南金三角正中心,又相对封闭,加上同安人安守本分,保存了"最草根"的闽南话。"同安话,是最典型的闽南话,它保持着古汉语的诸多特征。"蒋大营说,当他看到越来越多的同安人不会讲正宗的同安方言,对比之下,"一些华侨回到家乡,讲着熟悉的同安话,可是作为同安人,却有不少人听不懂,让人欲哭无泪。"他痛心疾首,"这样下去,同安话有消亡的危机!"

与此同时,闽南语甚至被人误作"台语",他忧心忡忡。闽南方言的根在大陆,不在台湾,他要为闽南语正名。台湾几乎每个县都出版有方言书籍,可同安一本方言书籍也没有,他有意填补这个空白,推广正宗闽南方言。

十年间,蒋大营陆陆续续用了一百多本稿纸,每本五十张,每张约三百个字,这些稿纸堆起来有近一米高,最终写成《同安方言语汇》一书,这本《同安方言语汇》是同安乃至厦门第一本闽南方言词典。书中,蒋大营用拼音来标注同安话,力图收录同安话的每一个词,大而全的同安话词典应运而生。他还出版了《学讲同安话》《翔安话本》等,这是他方言研究的成果。

没有人想做,愿做,能做,只有蒋大营做了。不仅如此,在汇编方言语汇一书时,蒋大营还创造了"蒋氏拼音法",谈及艰辛的创作过程,蒋大营坦言:"尽管孤独,却有一种愉悦感,那是精神上的享受,是任何金钱也买不到的。"

蒋大营的教学经历颇为传奇,对待年轻的教师,他不吝资源,倾囊相授。他未曾进过师范学校,却有四十三年教龄,他从代课教师入行,教过小学、中学,还教过几门大专课程;他的职务,从没有带过"长",却主持培训了同安全县的小学校长,没管理过学校,却专门教学校管理学;他不是教学骨干,却在两年的时间里,培养了一百零八名青年骨干教师,自己虽然只有中级职称,却带出许多有高级职称和特级教师头衔的"徒弟"。

知人之鉴

叶子青（同安区教育局原局长）

因为杂而多，要收集齐备，难度可想而知，雅俗文野齐聚的情况成为必然，需要耐心，需要细心，需要耐得住寂寞。这种抛弃功利，屏气静心"收杂碎"，只有蒋大营老师愿意，我佩服他的勇气！他那与年龄不相称的创作热情令人佩服！

陈少敏（同安区大同第二中心小学校长）

他是一位有伯乐情怀的先生。退休前，他就已经物色一批青年教师，利用业余时间，指导青年教师写作，撰写论文，利用自己的资源，推荐一大批教师发表论文，但他个人不发表任何文章；他是一位有严慈之心的先生。在学术方面总是一丝不苟，每一个信息源、每一个字，都经得起推敲，他既要求别人这样，也这样要求自己，他的"严"让一部分教师快速成长。他的"慈"体现在对青年教师如子女一样宽待，诲人不倦；他是一位守望乡土文化的先生。退休二十年，他成了大忙人，不仅著书立说，还组织一大批教师挖掘地方文化，涵盖面之广，挖掘之深，可谓呕心沥血。他不仅让零碎、散落的同安文化立体化，还培养了一大批热衷于同安文化的传承教师，把同安的乡土文化传承光大。

人物名片：

蒋大营：出生于一九三八年五月，同安民俗专家、方言专家。从教四十三年，是国家、省级优秀教师，在同安区教师进修学校教研员任上退休。主编《同安印象》《同安风情》《作文基本功》等系列丛书，著有同安话第一本词典《同安方言语汇》，著有《学讲同安话》《守望绿色作文》《词语冷知识》《翔安话本》《三宝九品百味》等书，长期致力于闽南文化研究与传承。

汪宗辉：
扎根人民，方言讲古几十年
——厦门方言讲古市级非遗代表性传承人

上台从不带稿,表演信手拈来,闽南方言顺口溜通俗生动,讴歌时代,讽刺恶丑。流畅的口头语言,来自生活和艺术的沉淀。厦门方言讲古市级非遗代表性传承人汪宗辉博闻强识,在舞台上活跃几十年,为万千群众"讲古",被业界推崇为"闽南方言顺口溜一代宗师"。

脍炙人口的闽南方言顺口溜,靠的不仅是嘴上功夫,更要仰赖扎根人民,扎根生活的足迹。几十年来,汪宗辉的闽南方言顺口溜,用说唱艺术弘扬主旋律,为群众喜闻乐见;他身体力行,以拯救传统民间曲艺为信念,为闽南曲艺传承倾尽心力。

一

"妆甲安尼真好看,其实,虾看见倒弹,蟳看到呿澜,鸟看见飞过山,田蛤仔看到跳过岸",闽南方言顺口溜生动形象、绘声绘色,是群众听得懂的语言,是来自草根的声音。"闽南方言顺口溜是群众文艺,要用群众语言,让群众喜闻乐道。"汪宗辉说,创作顺口溜,要求朗朗上口,句句押韵,这离不开平时的扎实积累。

汪宗辉博闻强识,几十年来,他坚持脱稿上台。台上几分钟,台下需长年累月的记忆训练。汪宗辉出门习惯骑一辆自行车,一边骑车一边记忆。从家到同安城区,一个来回好几公里,稿子也就烂熟于胸了。

创作方言顺口溜,睡前"放电影"寻找灵感,是汪宗辉坚持几十年的习惯,他怕突来的灵感跑掉,即便半夜睡下了,想到又马上爬起写下来。有一回,他在家里创作,一会儿躺床上休息,灵感来了又爬起来开灯记下,如此反复多次。没想到,隔天就有人发现,他家外墙被人涂写了几个骂人的字。一调查,汪宗辉哈哈大笑,原来,当晚刚好有个小偷跑到村里作案,看到汪家的电灯关了又亮,亮起来不久又关,如此反复多次,吓得迟迟不敢下手,最后,气急败坏的小偷,索性将气撒到他家墙上。

汪宗辉的勤奋用心,他的方言顺口溜独树一帜,语言生动活泼,诙谐幽默,押韵严谨,朗朗上口,内容积极向上,扬善抑恶,贴近生活,或深入浅出,或包袱不断,让人在忍俊不禁中受教育,受启发。

汪宗辉在厦门市第六届答嘴鼓调演活动上。同安一中供图

二

二十世纪六十年代,汪宗辉还是同安一中的新老师,被派往五通浦口社教,白天和农民一起劳作,学习群众口中的闽南俚语。这些生动有趣的群众语言,汪宗辉记得尤其认真,他与闽南地方曲艺的结缘由此开始。

他曾回忆,当年做社教工作,要及时向群众传达政策、文件精神,可劳碌了一天的农民,要么姗姗来迟,要么来了开小差。为此,他颇为着急,偶然间看到《厦门文艺》上的答嘴鼓作品,他眼前一亮:"要是在开会前表演一下,肯定能吸引群众准时来开会。"因没人配合他演答嘴鼓,他变通创新,创作方言顺口溜的一人表演形式,首秀就引起轰动。

自那以后,群众结伴来听他"讲古",他也从最初模仿到后来自编自演。作品通俗易懂,他把下乡和群众说话聊天当成必修课,渔民讨海捕鱼,农民下田种菜,乡里好人好事,都编进自己的闽南方言顺口溜中。"让人们在赏心悦目的笑

声中，心灵受到艺术感染力的震撼。"厦门大学教授周长楫评价道。

杜绝陈词滥调，讲究时效，贴近生活，汪宗辉下足了苦功，那些原本枯燥的宣传和政策宣讲，经他艺术加工，变得生动鲜活。他常下乡，上午向村民了解村里好人好事，中午开始创作方言顺口溜，下午背诵记忆，晚上就能把新采的故事搬上舞台。

三

热心群众文化活动，汪宗辉自嘲是"拼命三郎"。几年前的夏天，他应邀去西柯讲课，当天带病去，回来路上发了高烧，"突然手脚不听使唤了，骑着摩托车，险些栽倒在路上"。汪宗辉后来被送到医院，体温一量，发烧三十九点五度。即便如此，躺病床上打点滴的他，还是不忘琢磨闽南方言顺口溜，隔天点滴刚摘下又登台了。

据不完全统计，单是二〇一一年和二〇一二年，他进社区到学校下乡里，演

汪宗辉（右）答嘴鼓表演照。同安一中供图

出近百场,受众约两万五千人次。各单位有下乡宣传需要,他有求必应,保持着一周三场演出的高频率。"为人不争名和利,做事尽心又竭力,见贤虚心又思齐,心胸坦荡好惬意",汪宗辉说,这是他多年演出的一点体会。

在汪宗辉看来,爱学闽南传统曲艺的年轻人不多,他担心有一天闽南方言讲古会偃旗息鼓,多年来,他出版了三本闽南方言顺口溜,被选作校本教材。二○○七年,《汪宗辉方言顺口溜作品选》由厦门大学出版社出版,被同安一中作为校本教材,对在校学生认识、学习和传承曲艺文化发挥了作用。更重要的是,他的曲艺作品不仅为曲艺爱好者提供了学习地方曲艺和闽南方言的范本,还成为青少年思想道德建设方面的优秀读物。他曾经在同安一中、五显中学等学校设点,培养曲艺新人,让年轻学生爱上闽南方言说唱艺术。

知人之鉴

宋永贤(福建省曲艺家协会副主席)

汪宗辉老师对曲艺痴爱一生,他在艺苑耕耘不止,创作甚丰,永葆艺术青春,辉映他数十年的艺术人生。他的作品不仅注重传统,注重艺术,注重语言,注重思想,还与时俱进,极具时代性:解读时政,弘扬正气,感悟人生,警示世人,赞美家乡和新人新事……艺术性和思想性并重是汪宗辉老师作品的一大亮点。汪老师曲艺作品的另一特色就是:独创方言顺口溜这一艺术形式。应该说,经过汪老师数十年的探索、创作和表演,方言顺口溜已达到较高的艺术水平,为厦门乃至闽南地区曲艺界所熟悉和认可,成为当地文艺舞台上不可缺少的保留节目。

吴亿年(同安一中原校长、厦门市教育局副局长)

汪宗辉老师自二十世纪六十年代后,就传习闽南方言顺口溜,在闽南地区享有盛誉。几十年来,他凭借积淀深厚的文学功底,以严谨的治学态度,笔耕不辍,创作出许多脍炙人口的方言顺口溜,形象生动地反映时代生活,歌颂好人好事好风尚,讽刺社会不良现象,鞭挞人间丑人恶行。其作品才思敏捷、新奇豁达、爱憎分明,显其性情无饰。

叶红旗(原同安区文体局局长)

  汪宗辉老师的方言顺口溜内容广泛,贴近生活,紧跟形势,服务政治,心系人民。弘扬主旋律,宣扬优秀品德,抨击不良现象,体现了艺术家的社会责任感。同时,他的作品通俗易懂、生动形象,读起来朗朗上口,听起来赏心悦目,表演起来亦庄亦谐、雅俗共赏,令人捧腹,为群众喜闻乐见。

人物名片:

  汪宗辉:一九三八年十一月出生于同安,厦门市及同安区关工委讲师团讲师、市级非遗代表性传承人、中学语文高级教师。在同安一中等学校担任教师和校领导,教学之余创作了《惠子不孝》《牵猪哥,好名声》《天顶敢会落馅饼》《智取腊子口》等大量脍炙人口的顺口溜作品,多次获省、市、区创作奖、演出奖。

卓来治：
老骥伏枥，舞动同安风情
——同安车鼓弄省级非遗代表性传承人

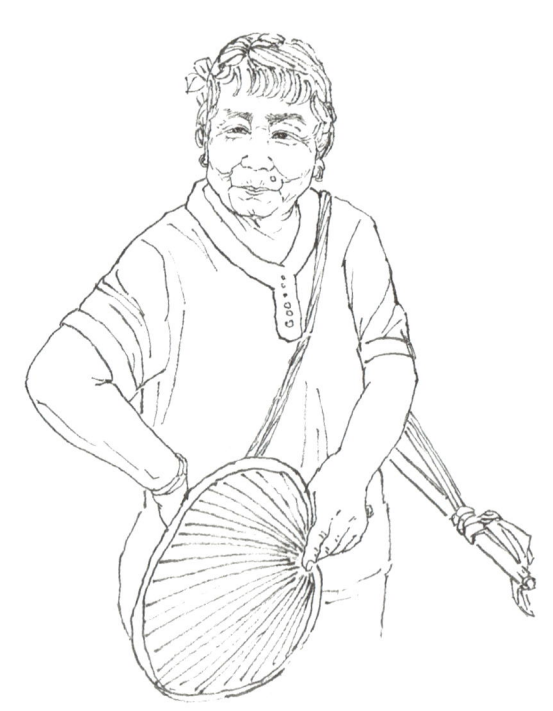

每个地方都有土特产,同安也不例外,车鼓弄就如同同安民间文艺的"土特产"。表现队伍一出场,总是逗得男女老少哈哈大笑,乐不可支。在闽台民俗表演中,车鼓弄堪称一绝,历来有"同安车鼓,安溪采茶,龙海锦歌"的俚语。

"车鼓婆"是同安人对同安车鼓弄省级非遗代表性传承人卓来治的昵称。她年过八旬,在舞台上历经半个多世纪,经久不衰,其塑造的"车鼓婆"形象深入人心,表演风格难以复制。艺术的生命力在于传承,现在传承人找到了,家喻户晓的"车鼓婆"依然有"雄心壮志",她的可贵坚守,撑起了同安的民俗名片。

一

傍晚时分,同安东西溪双溪汇流处,溪水波澜不惊,溪畔就是民间舞蹈车鼓弄演示基地。排练开始前,"车鼓婆"卓来治对着老式梳妆盒,盘发,戴花,抹粉,一丝不苟地打理着妆容,最后还不忘记在右嘴角处认真地点上一颗黑痣。"这颗痣不能不点啊,点了才像家婆,等上了舞台,这个形象才会到位。"卓来治笑着说,演的虽是丑角,不过,能逗笑一大片观众,车鼓婆形象其实一点也不丑。

厦门车鼓弄,也叫弄车鼓,源自同安,这一富有浓郁地方特色的民间舞蹈,融说唱、表演为一体,据说发端于宋元,盛于明清。在厦门最繁华的中山路步行街上,车鼓弄铜雕像栩栩如生,展示着"最厦门"的民俗风情。据说,这组雕像就是以车鼓婆卓来治为原型创作而成的。

在唢呐、笛子、月琴、大广弦等管弦乐中,身材微胖的车鼓婆卓来治登场,她右手执大蒲扇,左手执彩绢,旁边的车鼓公头戴瓜帽,手持一根长烟杆,公婆两人合抬一个盖彩笺斗篮,对唱车鼓调——"车鼓弄,弄车鼓,三点进,三点退,弄过来又扭过去",两人搭档表演诙谐风趣,让人忍俊不禁。

十八岁开始学"车鼓婆"表演,到现在八十岁高龄,卓来治还在舞台上表演,她塑造的"车鼓婆"形象早已家喻户晓。"我走到哪里,人们一见到我,没人喊我'来治'的名字,都直接管我叫车鼓婆、车鼓婆。"自从卓来治活跃在舞台上,她的"车鼓婆"形象便深入人心。六十多年来,尽管一直演车鼓婆,可卓来治热

爱如初,"我太喜欢这个角色了,从年轻演到老,一辈子都在演,如果长时间不演,还会浑身不自在呢"。

二

一招一式,一步一景,卓来治演绎的"车鼓婆"形神兼具,她塑造的形象难以复制。"一提起车鼓弄,总会浮现她的身影,她演的车鼓婆形象,韵味十足。"从小观看卓来治表演车鼓弄长大的摄影家何东方感慨地说,"车鼓婆"卓来治,就是同安的民俗文化名片。

事实上,最初的车鼓弄,并非一男一女搭档。在二十世纪五十年代,卓来治去新店澳头拜师学艺时,车鼓弄由两名男子合抬一顶轿子,其中一名男子扮女装,传到卓来治时,才创制出"车鼓婆"的新形象,她的表演自成一格。到福州参加全省的文艺会演,他们得了一等奖,后来这个节目到全省各地巡演,同安车鼓弄声名鹊起。

车鼓婆卓来治对镜化妆

在二十世纪八十年代初,只要听说同安城里有车鼓弄表演,十里八乡的群众就纷至沓来。卓来治清晰地记得,有一次在银城影剧院会演,看完她的表演,一名群众当场表示:"一票就是十元,我都舍得掏这个钱。"观众的一句话,让卓来治感动至今。几年前,应邀到厦门岛内踩街,一路从轮渡表演到白鹭洲,"我们边走边演,那一段不长的距离,足足走了三个小时,走一小段,群众就会把你团团围住,没有表演根本就过不了。"回忆当时的场景,她记忆犹新。

车鼓弄表演,在群众文化生活并不丰富的年代,尤受人们喜爱,用绳子拉出一个表演区,观众里三层外三层,没有扩音器,全靠演员的嗓子,原生态的表演,透着泥土的芳香。卓来治说,车鼓弄是同安群众最喜爱的传统民俗表演,特别热闹,尤其能带动气氛。在连续四届的世界同安联谊大会上,车鼓弄都是保留节目。她记得,二〇〇五年那一届大会上,看完车鼓弄,一位马来西亚女华侨抱着卓来治亲个不停,把她脸上的水粉都亲没了,一路追着卓来治要拜师学艺。

三

历史悠久的车鼓弄,是古代弄戏的遗存形式,也是同安本土的文化瑰宝。自古以来,同安就有"文看车鼓弄,武看套宋江"的谚语。卓来治讲,"车鼓弄"的来历,民间流传有"磨豆夫妻逗唱""武装劫救""丰收庆贺"等多个版本,她推崇"武装劫救"版,即鼓内暗藏兵器,混进法场解救宋江的传说。

虽然活跃在舞台上长达半个多世纪,已经八旬高龄的卓来治每月仍坚持三四场演出。在过去的几十年间,她先后搭档了五任的"车鼓公",让卓来治最为惦记的是搭档了二十多年的"车鼓公"杨老荣,两人的配合特别默契。这么多年来,卓来治上台表演车鼓弄至少三千场次,多的时候一年演出两百多场。

"我热爱车鼓弄,也不知道还能演多久,我会继续演下去,直到有一天我演不动为止。"现在,卓来治把更多时间倾注在车鼓弄的传承上,"车鼓弄延续千年,最不能缺的就是接班人"。她的两个女儿对车鼓弄传承并不感兴趣,欣慰的是,卓来治的媳妇完整地继承了她的表演风格。不仅如此,在厦门范围内,多年来,卓来治先后带出十二队的车鼓弄,他们活跃在厦门的大小舞台上。

早年车鼓婆卓来治（左）街头表演中

在同安文化部门的重视和扶持下，除了排练队伍，卓来治还经常接待慕名而来学艺的人士，从中挖掘好苗子，"只要有人肯学，我愿意毫无保留地传授技艺"。在她看来，更多人学习车鼓弄，这一民间舞蹈才会在舞台上熠熠生辉。

知人之鉴

林银花（中国好人榜好人、同安腔老年发音人）

丰富的生活阅历，奠定了卓来治车鼓弄表演的独特风格。一颗痣的创意，一个表情的妙趣，一个动作的浪动，一把扇子的悠闲，一条手巾的风骚，一段与车鼓公的诙谐互动，一个在流动之中来个戏曲表演的转身棱角亮相，一个在戛然而止中细微的表情变化，她的形态、心态、情态，无不透露着表演技巧和幽默，以至于她的演绎，成了车鼓弄表演的最经典版本。

洪松梅（同安区文化馆副馆长）

我十年前刚来文化馆就认识卓来治老婆婆，她是位和蔼可亲的老人家，她深

深地热爱车鼓弄这一民间传统舞蹈,虽已高龄,仍然执着于车鼓弄的传承发展,令人感动。

人物名片:

卓来治,同安人,出生于一九三九年,同安车鼓弄省级非遗代表性传承人。

洪树德：
沉潜守艺，泥韵火魂耀珠光
——同安珠光青瓷省级非遗代表性传承人

　　一辈子只做一件事。他倾注一生，与泥韵火魂相伴，在陶瓷的世界里沉潜前行，灰色的泥坯，在他手中，化成玲珑剔透的艺术品。这是洪树德陶艺人生的真实写照，他在衰落遗失的边缘守艺，在复活技艺的荣光里砥砺创新，他的作品风格多样化，对材料的充分理解与把握，不断尝试陶瓷材料的无限可能性。

　　在同安汀溪这片神奇的土地上，在碧波如镜的汀溪水库之畔，洪树德不止一次来到这里，端详着一草一木、一砖一瓦，同安窑火不能就此熄灭，"同安制造"不能断代，洪树德深知故乡窑业曾经的辉煌，珠光青瓷从这里出发走向世界。六十载的坚守，焕发出不寻常的光彩。同安珠光青瓷省级非遗代表性传承人洪树德，苦心孤诣"复活"珠光青瓷，让消失数百年的窑火重燃，以工匠之心铸就同安陶业新气象。

一

　　同安是古代海上丝绸之路的重要节点，拥有丰富的文化遗存。一九五六年，随着汀溪水库的建设，尘封的历史拨开了，考古界也因此找到失落已久的珠光青瓷的故乡。人们修建水库，意外地在工地上挖掘出大量瓷片、窑具。故宫博物院古陶瓷专家陈万里等专家学者，闻讯赶赴同安调查，尽管这只是一个民间窑场，外销量却很大，现场发现大量卷草纹和篦纹青黄釉碗，很有特色和代表性。经考证，一九五七年，陈万里发表《闽南古代窑址调查小记》一文，证实同安窑是远销日本的珠光青瓷的产地，解开了争议几十年的珠光青瓷窑口之谜，引起学术界重视，这一发现在中国的陶瓷文化史上占有重要地位。

　　人文纪录片《海丝追梦　汀溪青瓷》还原了同安珠光青瓷的前世：宋元时期，北方战乱，大批能工巧匠迁徙入闽，他们带来成熟的陶瓷制作技术，让依山傍水又靠海的同安窑获得蓬勃生机，同安成为东南沿海生产民用青瓷的重镇。汀溪青瓷是外销的日用瓷器，经由海上丝绸之路走出汀溪，汀溪青瓷从海路相邻的泉州南港安海装船出海，销往东南亚和日本，在日本发现大量汀溪窑青瓷就是很好的物证。

　　公元十五世纪，汀溪窑生产的青瓷，这种青黄釉划刻花茶碗，备受日本茶

汤鼻祖——高僧村田珠光的青睐，成为日本贵族和上层人士茶文化时尚的象征，因此被誉为"珠光青瓷"。珠光青瓷产自同安汀溪窑，始于北宋时期，在南宋时非常兴盛，元朝末期后，由于产品外销减少，同安汀溪窑连同"珠光青瓷"逐渐衰弱，并一度失传。

二十世纪九十年代，久闻珠光青瓷名气的洪树德第一次来到同安汀溪窑址，在裸露的河床上看到"十多条龙窑，有的在水底，有的显露出来，漫山遍野的瓷片"，感到十分震撼！长期研究陶瓷的洪树德端详着一片片散落的青瓷瓷片，"双鱼印、鹿印形态多样，花纹活泼、随性、流畅，内刻卷草，篦点纹、篦线纹，点线面组合巧妙"，古朴的瓷片令他惊叹不已，如获至宝。

二

远山如黛，近水含烟，青瓷残片，漫山遍野，置身同安汀溪水库内，面朝汀溪窑址，洪树德深受震撼，这些跨越千年的青瓷瓷片，无声地诉说着海上丝绸之路带给汀溪瓷器烧造业的辉煌。

"我是同安人，我感到我有责任，把珠光青瓷恢复起来。我有这么一个动力，我又是研究陶瓷专业的，这么漂亮的东西如果让它消失掉，对不起我们的祖宗。如果不把它复原，那将是我一辈子的遗憾。"洪树德决定投入大量精力和资金，结合传统古法对同安汀溪窑珠光青瓷进行恢复性烧制，以重拾同安陶业辉煌。

从此，洪树德潜心研究珠光青瓷。他说，瓷器是胎和釉的完美结合，按照常理研究瓷器，只要将釉色弄明白，整个瓷器基本算研究透了，做起来就比较快，可研究同安珠光青瓷却不这样。洪树德数不清到底试验了多少次，从材料、温控、釉色等方面着手，经历了无数次失败后，他烧出的样品看上去很像珠光青瓷，却没有珠光青瓷釉色的神韵，想达到与捡来的残片一样的成色，似乎遥不可及。

十多年下来，洪树德不断地寻找答案，为了破解祖宗留下来的瓷片上的密码，他做过无数次试验，"就是要用浑浊繁复的配方，烧制出如玉的润泽，复活沉稳的青黄釉色"。他悟出，珠光青瓷烧制成功的关键，在于泥料与釉料的配方，特别是釉料组成。他从已有瓷片分析，釉料由草木灰与石灰制成，草木灰有很多种，

到底是稻草、竹子、茅草哪一种植物的草木灰?"我每一样都去试验,效果还是不理想,有一天夜里我突然想到,会不会不是特定一种植物,而是多种植物的混合型草木灰料呢?"按照此法,二〇〇八年,当他戴着石棉手套打开窑口,取出样品时眼神定住了:"样品的光泽,正是我梦寐以求的珠光青瓷发出的。"

洪树德终于在釉水和瓷土中找到最佳结合点,烧制出来的瓷器,带着宋代珠光青瓷特有的历史感与厚重感,"陶瓷是这样子的,没有一关不难,应该说,所有的关口都是难的。比如说,如果坯釉不像,你要一直调整到它像珠光青瓷那个枇杷黄,这个过程就要花很长的时间"。

三

汀溪窑瓷器的纹饰自成风格,熟练窑工以刀代笔,在未干透的胎体上刻划,形成婉转流畅的纹样。从残破的瓷片中,洪树德解读出古代工匠手下篦点、篦线的信息,掌握纤巧简约的布局,追摹手随心到刻划流畅的灵动,再现青釉笼罩下

聊起珠光青瓷,洪树德满怀深情

纹饰若隐若现的汀溪瓷韵。至此，因海上丝绸之路而扬名海外的汀溪青瓷得以延续华彩。

二〇一一年，经过多年努力和近千次的试验，洪树德成功烧制出枇杷黄釉色的珠光青瓷，其珠光青瓷烧制技艺入选第四批福建省非物质文化遗产，他成为省级非遗代表性传承人。二〇一三年，洪树德从北京载誉而归，中国轻工业联合会和中国陶瓷工业协会授予他"中国陶瓷艺术设计教育终身成就奖"。

重现珠光青瓷的昔日荣光固然惊喜，更重要的是，传承和弘扬蕴藏在其中的青瓷文化。"不单要复古，还要持续创新，有创新才有当下，才能接近生活，接近艺术。"洪树德说，复原的珠光青瓷已相对理想，珠光青瓷恢复程度达九成，完全复原珠光青瓷的材质，复原其精华，复原优秀的技艺。

洪树德在传承的基础上大胆创新，釉色更加多变，除了枇杷黄，还研发出黛灰、月白、翠绿等釉色，纹理也更加多元，新融入桑叶、菩提叶等叶脉，使珠光青瓷更具禅意。洪树德通过传统技艺结合现代审美，赋予陶瓷地域文化内涵和新

洪树德和他复原的同安珠光青瓷作品

的时代面貌,淋漓尽致地展现珠光青瓷的随意、流畅之美。

洪树德认为,制作珠光青瓷,不能草率为之,文化传承最忌急功近利,而要求绵远流长。他注重珠光青瓷的艺术性和融合性,大胆结合同安珠光青瓷与漳州素三彩,使历史长河里的宋代同安窑与明代漳州窑相遇,激发出别具一格的火花。

为继承与发展珠光青瓷技艺,洪树德不遗余力。"年轻人有新思维,他们刻的时候,我就在一边看,他们刻得很好,很顺,我看在眼里很高兴。"在洪树德带动下,女儿洪冰晖、女婿陈亦非、外孙女陈嫣以及传承团队的成员,都掌握了同安珠光青瓷传统技艺,学会使用同安汀溪窑珠光青瓷刻划纹的装饰技法,结合现代陶瓷审美,创作出更为多元化的珠光青瓷艺术产品,真正实现跨代传承。洪树德相信,有三代人守艺,这项技艺必能传承下去。

四

在厦门北部山区,同安汀溪水库库区东侧,每年到枯水季节,省级文保单位汀溪窑址就会重见天日,窑砖、匣钵、瓷片等大量历史遗存浮出水面,虽然是残砖断片,但其上保留同安历史上盛极一时、辉煌耀眼的陶瓷文化。据统计,汀溪窑是同安窑系中最负盛名的窑址,是一处涵盖多处窑址的大窑场,相对独立的遗物堆积有十多处,分布面积超过八万平方米,窑炉遗迹达十四处。

历史上,从此处龙窑出窑的珠光青瓷,色泽温润如玉,刻划洒脱率真,风格自成一派,宋元代"同安窑系青瓷"从这里出发,漂洋过海到达东南亚、日本等国,远及地中海沿岸。汀溪窑是宋元时期我国南方生产青瓷的著名窑址,是同安窑系青瓷的代表,也是当时著名外销产品珠光青瓷的重要产地。一九六三年,汀溪窑址被列为福建省文物保护单位。

一项传统技艺的恢复,可以带动一个产业的崛起。"同安有汀溪窑址,有保存完好的龙窑,那么多的窑口,可以想像,历史上同安陶瓷业的繁华兴盛。"洪树德说,技术的成熟让同安珠光青瓷复活,这还远远不够,有效整合同安陶瓷文化资源并建立传习基地,才能让珠光青瓷永久传承下去。他讲述,去日本考察时,看见珠光青瓷在博物馆中保存,日本人依托一条并不起眼的龙窑,就能把陶瓷旅

游产业做得风生水起,"同安有那么多的龙窑遗存,打造陶瓷文化创意产业条件已成熟"。

叶落归根。洪树德的心愿是,在故乡同安开设陶瓷博物馆和龙窑观光旅游带,在同安汀溪设立汀溪窑珠光青瓷非遗实训基地,用文化带动旅游,用旅游丰富文化,真正实现"同安人复兴同安窑"。

千年之前,"珠光青瓷"创造了辉煌历史,经由海上丝绸之路,使"同安制造"走向大洋彼岸,将同安文明推向世界。千年之后,珠光青瓷穿越历史,勾连古今,如何再次伟大而壮丽,许多人前赴后继,蓄势待发。

知人之鉴

叶文程(厦门大学教授、中国古陶瓷研究会原会长)

洪树德教授在开发的过程中,他所仿制的珠光青瓷,跟青黄釉这种釉色非常接近,可以说做得相当不错,能够把珠光青瓷制作的传统工艺很好地传承下来。

郑礼阔(福建省工艺美术协会会长、省美术家协会副主席、省"非遗"评委会传统技艺组长、中国工艺美术大师评委委员)

洪树德教授在深入了解珠光青瓷的历史及现状后,深感优秀地域陶瓷文化断烧之可惜,遂扎根传统,潜心研究,经过近十几年来的不懈努力,终于成功重现同安汀溪窑珠光青瓷传统烧制技艺。这种精神与毅力非常人所能,他为福建,乃至中国陶瓷的发展做出重大的贡献。

人物名片:

洪树德:一九四〇年生,同安人,中国陶瓷艺术大师评审委员、中国工艺美术大师评审委员、中国美术家协会、中国工艺美术学会、福建工业设计协会会员。退休前是福州大学厦门工艺美术学院教授,为福建的陶瓷行业培养众多专业人才,退休后担任厦门市美术家协会陶瓷艺术委员会主任,同时是福建、贵州等省的陶瓷协会顾问。他恢复并传承宋

元时期的同安汀溪窑珠光青瓷、明清时期的漳州窑素三彩瓷等传统烧制技艺，是省级非物质文化遗产代表性传承人。一九九七年携夫人在香港举办陶艺双人展，出版陶艺作品集。一九九八年为台湾云林县白马寺制作大型陶瓷壁画《布达拉宫》，高十八米，宽十六米，被誉为"台湾目前最大的陶瓷壁画"。

目前他在漳州市有两个个人陶瓷艺术展览馆，一个位于龙海市龙江颂景区内，结合当地古窑遗址与人文环境，建成独具特色的文化公园。另一个位于漳州市南山文化园区，毗邻南山古寺、九龙江。

颜立水：
拓荒金同，翔集"同安兵马俑"
——厦门地方史专家、原同安县文化局局长

他身材挺拔、消瘦，发型一成不变，一如他钟爱的地方文化工作，不变的是热爱。二〇一九年已是第四十九个年头了，颜立水从未间断，也不曾离开过地方文化工作，聊起同安文化，他如数家珍。"那些文物再不保护就来不及了"，这个朴素的信念支撑着他不断前行——抢救文物，著书寻根，守护文脉，传承历史，一走就是半个世纪，他常以"莫道桑榆晚，为霞尚满天"自勉。

在二〇一七年感动厦门十大人物颁奖晚会上，颜立水荣膺"十佳"。有一种热爱深沉动人，有一种坚守叫"虽九死其犹未悔"，颜立水正是用这样的热爱与坚守，以老文化人的责任担当，守护同安文物古迹，传承闽南文化，他被业界誉为"金同文史拓荒者""同安文化符号"。

一

二〇一三年五月，颜立水新书《祖地情怀》在台北印刷出版，这是金门县政府出资为他个人出版的第五本专著。台湾地区立法机构前负责人王金平亲自为他题写书名。

颜立水作品得到金门县政府如此热切的关注，一点也不偶然。自一九九八年以来，金门县政府已先后为他出版《金门与同安》、《先贤行迹采风》（合著）、《颜立水论金门》、《凤山钟秀》等专著，其中，一九九八年出版的《金门与同安》一书，是大陆作者首次应邀参与金厦两地合作著书。

如果要问，当今同安谁对金门历史最有发言权？颜立水是不二人选，他是金门县政府顾问，台湾作家、金门燕南书院院长杨树清称他为"金同文史拓荒者"。从一九九五年至今，颜立水用三百一十六篇文章，三百二十四帧珍贵图片，诠释了历史上金门与同安"无金不成银""无金不成铜"的亲缘关系，拓展了金门文史研究的视角。

颜立水熟知金门历史，自二十世纪七十年代起，他开始关注金门文化信息，一九八一年同安县文物普查，他把"金门历史名人遗留同安的文物古迹"作为普查专题，遍寻故居、墓葬、牌坊、桥梁、碑刻等，掌握了大量来自原野的第一手资料，这其中许多文物，成为台胞寻根谒祖的历史凭据。

二

两岸开放往来,许多台胞来厦"寻根",凡是到同安寻根的台胞,第一个找的向导就是颜立水,他被誉为"寻根专家""牵线红娘"。事实上,寻根线索不易获得,颜立水的过人之处在于,常从纷繁芜杂的族谱、史志等资料中找到蛛丝马迹。

作为厦门最资深的文史专家之一,几十年间,颜立水走遍同安山山水水,祠堂、墓葬、碑坊、族谱等一一考察记录,为台胞"寻根"厘清了脉络。他还陆续在《金门日报》上发表文章,介绍金门先贤留在同安的遗迹,很多金胞从中发现有价值的祖籍地信息。

尽管很多前来求助寻根的台胞素未谋面,颜立水却像故乡的老友,有求必应。一次,台南黄氏宗亲拿了一张"泉州牢记,同安认清,十三,五记"的纸条来,他不仅帮助解读纸条意思,告知黄氏一族由来,还帮忙黄氏宗亲在龙海寻找到祖居地。他先后为菲律宾前总统阿基诺夫人、新加坡前内阁资政李光耀夫人柯玉珠、台湾地区立法机构前负责人王金平等知名人士找到同安的"根"。

近三十年来,他接待过返乡"找祖公""找佛公"的侨胞、台胞五百多人次,在他的直接帮助下,上百名台胞在大陆找到了祖居地。"如果算上那些电话咨询的台胞,估计有上千人,当这样的'媒人',我乐见其成。"颜立水说。

三

在过去的近半个世纪,其足迹遍及同安、翔安山区、海岛,米尺、纸笔,还有一台小相机,随身携带,他对着那些散落乡野的文物、石头,一边测量一边记录,这些文物古迹的前世今生在他笔下一一还原。

曾任同安县文化局局长,颜立水被百姓亲切唤作"斗笠局长"。一九八二年,肠胃手术尚未痊愈,颜立水就参加全县的文物普查工作。他常头戴一顶斗笠,骑着一辆"什么都会响,只有铃不响"的"红棉"牌自行车下乡,车把挂一个"哐当"作响的军用水壶,到了乡下,常被人误当成"收破烂的"。他常一天来回几十公里山路,白天路山跑,探墓穴,钻山洞,拍摄、记录文化遗迹,遍访山区、海岛的寺庙、祠堂、墓葬、碑坊,了解民俗、村貌、物产等,晚上回办公室或家里挑

灯夜战,手写整理出大量手稿,在简陋的暗房里冲洗胶卷。

三十年前,颜立水与乡民夜谈得知,铜钵岩有"石佛公"和"鬼仔洞",人去那里须口衔草枝。隔天他登上羊肠小道找到地点,"鬼仔洞"里白天暗黑阴森,洞口处一石碑斜躺,颜立水看过碑文,脱口惊叫"宋代文物"!他一张口,衔嘴里的草枝竟掉落地上,经考证,石刻为厦门发现年代最早的佛教纪年文物。

有一次,为了寻找朱熹的"灵源"石刻,由莲花镇当地农民带路,他和同事带上一把米、两条地瓜和一根黄瓜上山,中午就在当地文物点石释洞用地瓜汤充饥,午后,他钻进高过头顶的草丛,用树枝拨开杂草,找到朱熹的题刻。普查文物十分艰辛,颜立水和同事在甘露寺案桌下睡稻草铺,在大帽山冒雨抄录祈雨石刻,在澳溪遇山洪握牛尾巴涉溪……

颜立水细心且用心,以守护同安文化遗产为使命。他普查文物养成习惯,到农村上露天厕所,他发现,用来围砌厕所的是石碑和义勇石。路过不起眼的小沟

颜立水到名人故居了解文化遗存

铺着长石板,他会蹲下身,用手摸摸石板背面,看有没有刻字。

经过两年普查,同安全县(含翔安区)十二个公社、七个农林场的二百四十个村(居)、一千两百一十六个自然村都留下颜立水的足迹,也基本摸清同安这一"千年古县"的文化家底。"厚脸皮、磨嘴皮、跑脚皮,这些文物资料来之不易",颜立水克服了难以想像的艰辛,掌握了大量第一手资料,拍摄了上万张珍贵照片。

四

保护文物要有超前意识,"石头"搬运工颜立水边发现,边征集,尽量将散落同安、翔安民间各地,尤其室外珍贵文物,征集到文管部门手中。他有保护文物的远见卓识,同安那些历经风雨飘摇,散落乡野田间的石人(翁仲)、石马、石虎、石羊、石碑等得以完好保存,汇成今天蔚为壮观的"同安兵马俑",使这个县级博物馆闻名遐迩。

在普查文物过程中,七零八落的文物遗迹让他触目神伤、扼腕叹息:五显洪

颜立水挑灯整理文物普查资料

厝明代湖广副使林应祥墓被毁,两只石马被埋土坑,仅露出一只马脚;大轮山文公书院洪朝选撰写的碑记,被砸成四段,乡人准备将其当作门框石料;马巷坪边清代闽浙水陆提督李长庚墓道坊的圣匾及石狮被抛在水渠底。此外,古墓前的石羊被运去"看守"晒谷场,考举练功的义勇石被拿去砌厕所围墙,更可怕的是,文物贩子猖獗,连十五米高的文笔塔上的石佛也被盗走。

这些被弃之荒郊的"石头"不被重视,毁坏偷盗严重,为改变这一状况,颜立水排除阻力,努力征集。一九八五年,全县文物征集工作开始,是年五月,莲花溪东生产队仓库门口的两只石羊,明代参政洪纤若墓前遗物,被乡民用手扶拖拉机运到孔庙;同年六月,在驻军通信连支持下,借助汽车加滑轮,四林村两只明代石马、石虎被乡民运到孔庙;一九八七年,西安桥动工拆建,九件北宋石将军、石狮先后挖掘,经过"跑腿、磨嘴",上级文化部门补助两千元征集费,这九件九百多年前的文物被打捞上岸运到孔庙保护。

颜立水一门心思"搬石头",征集文物,尽管一度不被理解,甚至有闲话,他凭着"虽九死其犹未悔"的意念,完成历史使命。从一九八五年到一九九〇年,四百多件散落在田间野外的珍贵文物被征集到孔庙保护,赶在不法分子行窃之前,他将这些珍贵石质文物"抢"了下来。

妻子工二南评价丈夫颜立水,说他是观察生活的有心人,几乎是"有闻必录",至今仍保留着二三十年前田野调查的原始记录本。普查、征集文物期间,是他人生最忙碌的日子,可谓"三不管干部"——不管休息日,不管身体,不管家庭,他完成让今天许多人得以理解的历史使命。

二〇一六年,《同安文史资料之同安馆藏石雕专辑》一书出版,"精美的石头会唱歌,这本书讲述了每一尊石雕背后的故事。"颜立水说,文物是研究历史的第一手资料,这些历代留传下来的"石头"是无价之宝,"这些会唱歌的精美石头,是先人的遗泽、历史的见证、城市的记忆"。

五

二〇一六年六月,"同安文史档案库"建设启动,在同安从事基层文化工作

近半个世纪的颜立水,其文史档案成为首个征集对象,同安区档案馆将其文史档案全文扫描建立数据库保存。

同安区档案馆统计,此次征集到颜立水的手稿,写成时间自一九八二年起,跨越三十多年,有手稿、复函、书札、信札等六个门类十四卷一千三百一十六件六千五百一十四页;《金同集》《同安古牌坊》《金门与同安》等六十六部颜立水著、主编、编著的文史作品等。

"作为一个老文化人,同安区向我征集书籍、手稿,刚开始有点舍不得。"颜立水动情地说,毕竟"敝帚自珍",他的手稿从一九八二年起一年一本,每年年初都会手工凿孔,用纱线装订成册,再用厚纸袋装好,放书架保存。过去他还经常骑自行车,将家里放不下的手稿运回乡下老家存放,先后搬家四次,也不曾抛弃过一张手稿。

颜立水认为,文史档案关乎民生,涉及寻根、寻亲、建筑、文化等各种领域,都很有意义。文史档案有佐史证史的作用。他举例,二十世纪九十年代,马巷城隍庙要翻建,发动台北同安乡贤捐资,却苦于没有历史资料,于是找到他。颜立水曾征集到马巷城隍庙的碑记,后放同安孔庙内,他将碑记抄录后给对方,文史资料送到台北后,很多台胞捐资,促成城隍庙翻建。

文史档案还具有补史作用。二〇一四年,同安铜钵岩根据老照片复原了三尊石佛像,老庙得以重光。原来,近三十年前,铜钵岩三尊宋代开禧年间石佛像被盗,前几年重建铜钵岩庙宇,欲请人仿制被盗的宋代石佛像,连县志也没有相关记载,所幸的是,颜立水早年普查文物时,曾拍摄到古佛被盗前的清晰照片,准确记录佛像尺寸,仿制复原才得以实现。

"这些陪伴我几十年的手稿和书籍,既然有更好的收藏地方,我乐意捐出来。"颜立水说,手稿放乡下保存,条件肯定不如放档案馆好。他说:"我们每个人来到世间,不可能都可以去做轰轰烈烈的事,但我认为,只要自己能够做好一件事,这件事情说不上是'经国之大业,不朽之盛事',但能够为后世的人提供借鉴,我也就感到心满意足了。"

六

他是媒体眼中的名家,每一次随机采访,总是信手拈来,旁征博引,面对镜头迅速进入状态,说起熟悉的地方文化工作,他声音抑扬顿挫,用手比划,一气呵成,言语间饱含深情。这位活跃在一线的老文化人,令人肃然起敬。

颜立水开创性地开展文保工作。在翔安内厝镇与南安交界的小盈岭漳泉古驿道上,建有"同民安"坊,朱熹题写"同民安"坊匾额,为了不给不法分子以可乘之机,颜立水采取"以仿换真"的做法,叫人用仿制品将朱熹墨宝替换回来保护。

作为有责任有担当的老文化人,颜立水倾力保护朱熹在同安的遗迹,呼吁创建厦门朱子文化品牌。早在三十多年前,普查文物时,他就专题整理朱熹遗留在古同安的文化遗迹。他长期致力于推动同安文物遗迹的保护与复兴,曾主持修复同安孔庙、芦山堂、梵天寺、梅山寺等文物古迹,推动促成铜鱼池修复、同安县衙遗址修复、朱子书院开创等,为此他写信给厦门多任市委书记。

二〇〇九年八月,颜立水致信时任省委常委、厦门市委书记,现任福建省委书记于伟国,信件获于伟国批示。在《关于保护同安老城历史的建言》中,颜立水提出保护旧县衙,就地保护古牌坊,修复铺前古驿道等建议,其中已有千年历史的同安旧县衙,辛亥革命前是管理包括厦门、金门、龙海角尾等地的衙门,建议修复旧县衙,将其改造为历史文化公园。

二〇一四年七月,颜立水写信给时任省委常委、厦门市委书记,现任住建部部长王蒙徽,颜立水提出《关于将同安县衙遗址改造为"朱子文化园"的建议》,他在信中细说同安县衙遗址的历史和价值,建议发掘朱子文化资源,打造朱子文化品牌的建议,该建议同样获批示。

在颜立水的持续呼吁下,同安区委区政府重视下,二〇一五年年底,始建于公元九百二十九年的同安县衙遗址,改造为市民文化公园;二〇一六年五月,在改造后的同安千年县衙旧址,厦门朱子书院举行开院仪式,同时举办首届国际朱子文化节。历届朱子文化节知名学者云集,擦亮了厦门朱子文化品牌。

知人之鉴

杨树清（金门燕南书院院长）

比起大陆其他的文史学者，颜立水的乡情地图画出两个点——金门与同安，他不离不弃，耕耘在金同文史的田亩。他撰文，涉金文物古迹是"两门"人民血浓于水的佐证，也是台湾文化根源的历史印记和现实写照。

彭一万（原厦门市文化局局长）

我与颜立水同志多有接触，我称他为"脚踏车局长"，他心中有理想，脚下有力量，既守土有责，又胸有成竹，编写、出版多部著作。他就像深深植根于沃土之中的一株乡思树，朴素、坚实。

李炷烽（金门县前县长）

立德言功三不朽，水滴石穿贵有恒。先进知见非等闲，生寄死归惟斯文。劳神尽力兴国粹，苦行孤诣历艰辛。功德垂世贻典范，高山景行殊堪钦。（立水先生劳苦功高）

人物名片：

颜立水，笔名岩立，祖籍金门贤聚，一九四二年出生于同安，一九六七年厦门大学中文系毕业。历任同安县文化局局长、宗教事务局局长。长期从事地方基层文化工作，一九八二年起参与编撰、主编《同安文史资料》四十五辑；一九九〇年主编《中国民间故事集成·福建卷·同安县分卷》《中国歌谣集成·福建卷·同安县分卷》《中国民间谚语集成·福建卷·同安县分卷》。先后出版个人专著《秋实集》《冬耕集》《金同集》《朱熹在同安》等。金门县政府为他出版《金门与同安》《颜立水论金门》《凤山钟秀》《祖地情怀》等专著。现为同安区政府顾问、金门县政府文化顾问、厦门市非物质文化遗产保护专家组成员等。

陈金城：
皓首穷经，留下"同安记忆"
―― 厦门地方史志专家、新《同安县志》《同安区志》副主编

盛世修志,存史资政。同安地方史志专家陈金城皓首穷经,要为同安留下"历史的真实记忆"。他修志,埋头于卷帙浩繁的典籍中,梳理不同历史时代的同安;他研史,用杰出的历史学识,细说同安与金台的"五缘"亲;他育人,为同安的年青一代,上好地方历史重要一课。

陈金城满头银发,衣着随意,一副眼镜从不离身,他常把眼镜推到额头上,默默地点上一根烟,一门心思想问题。他身材高大,声音洪亮,谈起地方文化历史,一丝不苟。地方文化上的事,他很热心,几乎是有求必应,考证残碑,追根溯源,两岸修谱,民生提案,能做的,他决不推辞。

一

陈金城是新《同安县志》特聘副主编,一九九二年新县志筹备,他直接参与《经济志》等六部部门志撰写。一九九七年,新县志进入总纂阶段,他又参与总纂与编辑,二〇〇〇年,一百二十多万字的新《同安县志》出版,引发各界广泛关注,从全省六十多部地方志中脱颖而出,摘取全省地方志编撰一等奖。二〇〇八年,翔安区启动修志,他应聘为翔安区写了人口、土地、民政三部门志稿,二〇〇九年开编《同安区志》,陈金城又受聘为执行副主编,二〇一八年这部约一百万字的《同安区志》出版发行。

新《同安县志》编纂时,得到同安县政府重视,县长特与各部门局长立下"军令状"。到了临交稿前一个月,国土部门局长才想起"军令状"快到期,局长悬赏"谁能在一个月内,完成同安土地志,给予高薪聘请",结果无人应聘。几经打听,国土局长托人找到陈金城。若部门志不能及时交稿,将影响县志如期出版,陈金城答应救急,接下"烫手山芋",局长派人把所存档案运至他家中,让他边查边写,不打草稿,日夜加班,在二十多天里,完成十八万字同安土地志书稿,送厦门市方志委洪卜仁审阅合格。

"修志可以博古通今,学习很多东西,尤其是同安历史与现代发展能够串联成线。"陈金城说,志书存史,反映同安不同时代演变,社会发展不同阶段的经验和教训,保存传承地方历史文化,对新时期同安改革发展具有资政作用。

早在一九九四年写《邮电志》时,陈金城通过财务档案统计出奖金占比违规,他及时向局长汇报,局长表示应改革。二〇一〇年修《同安区志》时,他在"劳动报酬"一章中,据实列出公务员、事业单位、企业三类人员的工资、奖金、福利统计表,显示出较大收入差距,有助于当政者重视分配制度、社会公平的改革。

二〇〇五年,受区方志办之聘,陈金城与黄奕铁、许兴盛合作,点校民国版《同安县志》出版,深受市、区文史工作者和海内外同安乡亲欢迎。二〇一七年十二月底,现存最早的同安县志——康熙版《大同志》启动点校,陈金城再次受聘,与黄奕铁共同点校近百万字的《大同志》,同安在康乾盛世得到长足发展,达到发展的制高点,点校工作不仅要为古文标点断句,化繁体为简体,还要对晦涩难懂的典故、制度、历史人物等进行注释,需要深厚的历史文化功底,还需要大量查阅古书、古词典,康熙版《大同志》(点校本)于二〇一八年下半年正式出版。

陈金城在同安朝元观考证古石碑

二

　　《同安文史资料》，不仅国内知名，在海外也影响甚广，对海外同安宗亲而言，这是一份来自故乡的特殊"家书"。陈金城坚持政协文史工作近三十年，撰写了大量古近代同安历史文章，激发海外乡亲思乡爱乡情。主编《同安文史资料》后，他开辟"两岸情深"栏目，集中发表同安与金台"五缘"相亲的文章，推动两岸民间亲情传递。台胞、金胞纷纷组团来同安认亲谒祖、联谊，共修宗祠。

　　一九九八年，陈金城应邀整编同安田洋村族谱，在陈太傅祠整理古谱时，他偶遇金门籍陈氏宗亲陈国兴母子，他查核古籍得知其先祖清初从同安到金门开基创业，这位金门宗亲建议两岸合编浯阳陈氏族谱。两年后，一部近二十万字的《同安田洋金门庵前浯阳族谱》问世，开启了两岸血缘宗亲合编族谱的先例，至今两岸宗亲交往密切，《厦门日报》头版给予报道。

　　陈金城深入研究民间信仰，极力推动两岸民间文化交流。一九九一年，朝元观开放，却苦于记载建观历史的古石碑"永乐碑记"损坏严重，石碑断成两截，

陈金城在家中专注阅读文献资料

还被村民拿去磨麦子，碑文磨损一半以上。接到求助后，陈金城一口答应，他将粉笔磨成水粉，抹在石碑上，现存的字和缺失的字都显现出来，碑文用骈文写就，他依据现存的文字和骈文规律，前后十多天，完整考证出缺失的碑文。考证中有重大发现，碑文记载朝元观"遥传七百余年"，这将朝元观的始创时间由南宋推前至盛唐，因此，朝元观成为厦门最早的道教宫观，他还写成"宫志"广发海内外，一九九三年，台北信众捐资五十万元重建中殿三清宫，后又撰写《朝元观六月初七天门开的来历》一文，向海内外说明了此民俗的历史价值。

不仅如此，陈金城还撰文介绍同安黑脸妈祖信仰、龙虎宫张巡信仰、东山古庙张纯信仰等，黑脸妈祖文章发表后，先后有七八座台湾地区妈祖庙前来同安寻根谒祖。他说，民间信仰研究是地方历史的重要补充，不仅反映信仰在同安的起源和发展，还是发展两岸关系的神缘纽带，这些信仰随移民东渡金台得到传播和发展。

三

爱国必先爱乡，陈金城是同安一中的历史老师，在他的历史课上，学生特别活跃，他另辟蹊径，将同安历史引入课堂，让学生了解本土历史。他认为，结合地方史教学，不仅可以激发学生学习历史的兴趣，也可以让学生深入了解地方历史。早在一九八六年，他尝试通史与地方史的同步教学法，自编了一册四万字的《同安历史》油印本，发送各中学历史教师，学生们对家乡历史产生了浓厚兴趣。二十世纪九十年代，上级开始重视地方史教学，由他主编《厦门历史》作为全市的教材，全市初中生都要学习地方历史并纳入考试内容。他撰写的论文《中国通史与地方史同步教学法》，作为省高级职称评定论文，深受厦门市历史学界的赞赏，不久他被推举为市中学历史教育学会副会长、市历史学会常务理事。

时至今日，很多同安学生对陈金城教授的历史课记忆犹新，其教学同步引入地方史：学习"闽南开发"章节，他介绍汉武帝时许溁平粤屯守同安营城；说"唐末黄巢起义"片段，介绍义军驻扎过的同安"军营""军村"，及官军刘日新驻屯"刘营"，"策槽"水利工程的建造；学习两宋科技，牢记苏颂的水运仪象台；学习

宋代江南经济发展，记住了同安广植占城稻，大灾之年还获得丰收的典故，宋太宗大喜，命名厦门岛为"嘉禾屿"；明末清初资本主义萌芽，可看同安东山大学里、碧岳村的大染池遗存；鸦片战争史，记住了同安陈化成抗英殉国的事迹；明末番薯从南洋引进，同安即广种，当时同安地少人多、十年九旱、粮食不足，地瓜成为同安人民的主食，同安也因此被称作"地瓜县"；讲解清乾隆后同安海外贸易的兴起，记住了同安城的"五郊"和马巷的"三馆"（均是行业商会，专营海外贸易）；讲军阀混战，介绍一九一八年同安"南北拼"，北洋军火烧梵天寺，扫荡西桥商业区的惨状；讲一九二七年国共合作北伐，介绍同安中共组织的建立和农民运动的高潮……

在二十世纪九十年代，陈金城曾被同安电大、同安党校、业余大学等聘任授课，在陈金城的历史课上，学生能学古通今，掌握中国历史的大脉络，还能了解同安在历史脉络中的种种表现，学生增强了爱国爱乡的感情。

四

一九八三年，陈金城被举荐为同安县政协委员，二〇〇八年超龄退出后，又被聘任为区政协研究员至今。他不仅在政协从事文史资料编辑工作，还采写了大量反映社情民意的提案。

早在二十世纪八十年代，陈金城多次参与《重修梵天寺》的提案，在二十世纪九十年代兑现。二〇〇五年，他的提案《紧急抢救保护溪边的三衙三府第》被列为当年政协的重点提案并得到落实，溪边街一百七十五号清代水师提督吴必达故居提督衙得到立碑保护，二〇一九年同安区启动了对吴必达故居的修缮。吴必达在任内曾派舰队巡视东沙、西沙、南沙诸岛，中越西沙之战起，中央军委特派员访查提督衙，调取当年吴提督巡海的有关历史档案，印证了西沙自古以来是我国领土。

从二〇〇二年起，陈金城连续四次提案，促成沟通梵天寺和梅山寺两大千年古寺的景观桥（含蔚桥）的修建，还多次提案建设梅山路水泥路，这个提案也最终兑现。

知人之鉴

彭炳华(厦门党史专家)

陈金城老师博闻强识,对同安古代史、近代史、现代史都有深入研究,银城史话、风俗文化、文化古迹无所不知,对同安民俗文化有系统研究。他身材魁梧、声音洪亮,上起课来,对乡土历史知识娓娓道来、如数家珍,深受学生喜爱。他还多才多艺,绘画、刻章、拉二胡、象棋、乒乓球都有造诣。他性格直爽,即使犯颜,也不隐瞒自己的观点。

人物名片:

陈金城,一九四三年出生于同安,一九六七年厦门大学历史系毕业,中学历史高级教师。曾任厦门市中学历史教育学会副会长,市历史学会常务理事,现为同安区政协研究员、《同安文史资料》编辑,曾被聘为新《同安县志》《同安区志》副主编。长期从事地方文史工作,与颜立水合作,编辑出版《同安姓氏专辑》《地灵人杰》等书籍。同时,运用历史知识服务同安文化工作,"同安孔庙""黑脸妈祖文化"作为同安对台交流纽带的建议被采纳,他还撰写发表大量有关本土廉政文化的文章。

叶水湖：
如椽大笔，书写人生传奇
—— 厦门书法家协会顾问、厦门著名书法家

笔端凝正气，腕底寄豪情。叶水湖在厦门书法界备受推崇，他的行书灵动洒脱，隶书气韵兼具，字里行间惠风和畅，书卷气息扑面而来，其书法具有独特的抒情性，如面朝一江春水。其作品拥有外秀内刚、遒劲灵动的风格，雅俗共赏。

心笔如一，水到渠成。知名书法家叶水湖，同时是一位优秀校长，也是数学特级教师。这位儒雅的教育工作者游走于数学天地与书法境地，四十年来，用如椽大笔，以书传情，书写人生传奇。

一

字如其人，"他长期耕耘教坛，养成浓郁的书生意气，他的书法，给人的第一感觉，是扑面而来的书卷味"，著名书画家朱鸣冈如此评价叶水湖的书法。

叶水湖不仅是省级优秀校长，还是数学特级教师。一九六五年，数学系毕业的叶水湖被分配到同安二中执教，一次，他在马巷城隍庙一间杂物间，从满是尘土的旧书堆中，偶得一本王羲之的《兰亭序》字帖。面对照亮青史的《兰亭序》，叶水湖如获至宝，每天将字帖随身携带，一有空就掏出临摹，走到哪里就把字帖带到哪里。笔墨为桥，与古人对话，十年磨一剑，王羲之的字帖几乎被翻烂了，叶水湖的书法功底在十年间打下了坚实基础，点、横、竖、撇、捺，化作纸上行舟，如同金蝉脱去蝉壳，获得新生与升华。

叶水湖既神游于缜密而浪漫的数学王国，又精于刚柔并济的管理艺术，他的书法内刚而外秀，遒劲而灵动。他的艺术爱好也十分广泛，楹联、诗词、乐器等领域均颇有研究，这些特长爱好，几乎都是利用零碎时间进行的，使他的书法得以精进。在学校日常教学和行政工作之余，他把从事爱好当成最好的休息，乐此不疲，"什么是休息，就是在玩的时候可以学到本领"。

书法艺术与文学诗词素养相得益彰。叶水湖善用零碎时间学习，他常在公交车上记诵古文，有一回在车上聚精会神记诵，注意力太集中了，口袋被扒手割破了也浑然不觉。搭公交从家里到轮渡，三十分钟车程，他可将《滕王阁序》背诵完。如今叶水湖依然博闻强识，挥毫时，《岳阳楼记》《前赤壁赋》等古文名篇信手拈来。

二

谈到书法创作,叶水湖说起与著名书法家罗丹交往的轶事。二十世纪七十年代,叶水湖还在马巷当老师,有一回他去拜访书法家罗丹,罗丹不在家。后来,罗丹给叶水湖回信,是一首毛泽东的《七律·和柳亚子先生》,他指点叶水湖书法重在自学,"书法之道,只靠多读多作,眼界要宽,看得多自然博,写得多自然精"。

学书法,自己是最好的老师。叶水湖认为:一靠勤奋,二要讲究方法,"察之者尚精,拟之者贵似",学字帖至关重要,需通过反复观察临摹,掌握字的精髓与要领,还要对照反思,提高自己的审美能力和审美情趣,才能做到"心手双畅,得心应手"。

"扎根传统学书法,修身养性学做人"是叶水湖为人书写的箴言。授人以鱼不如授人以渔。他认为,书法爱好者要秉承对传统文化的热爱,这是学好书法的信心,从传统文化学习中寻找自身的不足。字如其人,学好书法,先学做人。

叶水湖在同安莲花镇白交祠光明顶挥毫

　　早在一九九九年,叶水湖就被中国文联授予"海峡两岸德艺双馨艺术家"称号。闽南文化研究会名誉会长彭一万评价他:"为人忠直正派,热情认真,从优秀学生、优秀教师、优秀班主任、优秀校长到优秀书法家,他就这么一步一个脚印地走来。最终成为书品与人品、人格与风格统一,技道两进、德艺双馨的书法家。"

　　二〇〇六年,中泰文化交流艺术展,作为领衔的书法家,叶水湖欣然挥毫,用中国传统楹联来表达祝福和颂扬中泰友谊。二〇一〇年,时任孔子学院院长的郑启五将《叶水湖书法集》转赠中东技术大学孔子学院,说:"把这部书法集留在土耳其,将有助于来访的土中各界读者进一步加深对中国书法的理解。"

　　二〇一二年,他和学生黄建煌赴马来西亚举办师生双人书法义展,向海外宣扬中华优秀传统文化,为当地华文学校筹款办学。他的书法作品先后被五个出国参访团选为馈赠礼品。

三

　　十多年前,厦门演艺职业学院在鼓浪屿创办,邀请叶水湖题写校牌。"写校牌,既要庄重,又不失灵动;既能体现校园文化内涵,又能将书法的神韵表现出来。"这是叶水湖题写的第一块校牌。此后,全市不少职业院校、中小学、幼儿园纷纷邀请他题字。

　　对题写幼儿园校牌,叶水湖有自己的理解。他说:"要严谨、庄重,符合写字规范,给人以亲切感,幼儿园的校牌,笔画的结构和设计上还要写得稚气、活泼,充满童真趣味。"每写一次校牌,叶水湖都要写过很多张,在不同时段书写,每一处笔画,每一个字,校牌的整体感,他都要反复推敲,花的时间是常规书法作品的好几倍。

　　多年来,他先后为厦门全市四十多所中小学题写校牌、校训、教学楼名等。除了学校,在厦门的旅游景区——同安北辰山、梵天寺,岛内中山路、观音山、植物园等,都留下他的墨宝。其中集美龙舟池畔的百年名校集美中学校门口,一块三十多米长,二点八米高的巨幅石碑镌刻着《集美中学颂》,这幅行书作品就出自叶水湖之手。

  不仅本地学校爱找叶水湖题写校牌，外地也常有慕名而来的求字者。二〇一七年，浙江天台县派人来请叶水湖为该县复办的宗渊书院题写院名。宗渊书院所在当地十分推崇"二王"书法，据说王羲之还曾在当地练习过书法。当地有识之士在网上看到叶水湖书法和艺术经历后眼前一亮，派人坐着动车慕名而来。叶水湖得知后，欣然应允，一挥而就题写好院名，还撰写两副对联，对方满意离去。

  如此多的学校、书院青睐叶水湖的字并非偶然，不仅因为他的书法风格传统而规范，还因为他是厦门教育界有影响力的优秀校长，是德高望重的书法家，同安区不少学校将他的书法集作为学生学习书法的教材。

  "每次获邀题写校牌，我都以敬畏之心，不敢有丝毫的马虎，这是一种责任。一幅好的校牌，不仅是校园精神的体现，还能发挥为校园文化画龙点睛的作用。"他说。

四

  以书常会友，唯德自成邻。叶水湖广交朋友，长期热心公益。他积极参与红十字会、寺庙、报社等组织的各种公益拍卖活动和公益书法展。只要联系他，一提到要做公益，他都会拿出几幅好字来。

  以书法做公益，叶水湖总是二话不说，把家里最好的书法作品拿出来。"选好的，选大的，选有用的书法作品，那样可以拍出更高价格，帮助到有需要的人。"据不完全统计，单是近几年，叶水湖为公益捐出的书法作品上百幅。对公益，他十分热心与大方，以至于有一次有人以做公益为名找他要字，他也不假思索同意了，尽管事后察觉到异样，他一笑置之。

  他不仅自己做善事，也支持他人做善事。二〇一七年，集美茶商陈文弓拿出好茶"金砖茶"拍卖，用于资助困难大学生，希望叶水湖能在茶上题字钤印。得知后，他当即答应，活动当天，他现场在茶叶礼盒上写字钤印，同时进行拍卖，一百盒金砖茶全部拍出，筹集善款四万元，全部捐助贫困大学生。

  身为同安人，叶水湖始终情系同安文化。二〇一三年，世界同安人联谊大会在台北召开，叶水湖作为同安书法家的代表赴会，参加笔会联谊，翰墨传情，推

动两岸同安人书法交流。

二〇一六年五月,厦门同安朱子书院开院,这是全球首座实质性运行的朱子书院,各地专家学者共襄盛举。"朱子书院"四个大字就是由叶水湖题写的。

二〇一七年,同安区拍摄《与世同安》纪录片,对外推介同安文化,邀请叶水湖题写片名,他长途跋涉,于凌晨五点多登上同安莲花镇白交祠村光明顶,迎着习习晨风,大笔挥洒,遒劲有力的"与世同安"四个大字跃然纸上,为纪录片增添了文化气息。

二〇一八年元旦,名校同安一中元旦汇报演出并启用新校训,叶水湖现场一气呵成书写新校训"知行合一","能用书法为同安文化做点事情,这是同安对我的信任",他为此尽心竭力。

叶水湖还长期为教师培训班举办书法讲座,为几十所基层学校开过书法教学讲座,尤其关注同安农村教育的改革和发展,在他的支持和推动下,同安汀溪中学开创"下午课前十五分钟的书法训练模式"。

对同安的山水,叶水湖深有感情

知人之鉴

彭一万（原厦门市文化局局长）

一位在大学专攻数学的人，一位在教育战线拼搏了几十年的人，最终成为一位精通诗词楹联的书法家，而且在篆、隶、行、草、楷诸体都有深厚功底，又以行草和隶书见长，让人刮目相看。书为心画，诗可言志，水湖的品格、气质、学养，促成他外秀而内刚，遒劲而灵动的书法艺术风格。

沈世豪（著名作家）

他学柳体，汲取柳公的清朗潇洒；他拜颜公，扪心体味颜体的稳重如山；他叩魏碑，如虔诚的朝圣者逶迤前行；他探米芾，神思飞越，更是谦恭备至。他并不满足于形似古人，而是着眼于独得神韵之后的创造。叶水湖书法具有独特抒情性、强烈的审美情趣和鲜明的个性特征，使他的作品得到越来越多人的喜爱。

人物名片：

叶水湖：同安人，一九四四年一月出生，知名书法家，福建省优秀校长、特级教师。曾任全国中小学校长培训专家委员会委员、厦门教育学院副院长、厦门市教育学会副会长。现为中国楹联书法艺术委员会委员、中国书法教育研究会福建分会理事、厦门书法家协会顾问等，在书法方面有较高造诣，篆、隶、行、草皆有深厚功底，尤擅长行草和隶书，作品屡屡在全国、省市书法比赛中获奖。

吕实力：
沐风栉雨，芗剧飘香海内外
——厦门市戏剧家协会理事、同安吕实力芗剧演出团团长

出门，两辆手扶拖拉机，一辆载着剧团三十多名演员，一辆装着演出道具，一路上风餐露宿、沐风栉雨，就这样行走三十多年。一个民营剧团把芗剧艺术送达厦、漳、泉的山乡、海岛，成为无数人挥之不去的社戏记忆。

剧团领头人吕实力艰辛守艺，如黄牛耕耘脚下坚实的大地。剧团不仅飘香海内外，近年来，在同安宣传、文化等部门扶持下，同安人演同安戏，吕实力剧团将本土名人——钟表鼻祖、宋代贤相苏颂，理学大师朱熹等人物纷纷搬上戏剧舞台，穿越时空讲述同安故事。

一

吕实力坚守并传承芗剧艺术三十多年，一路走来，他仍清晰地记得剧团草创时的不易。他的父亲喜欢听戏，从小耳濡目染，吕实力对芗剧怀有特殊感情，一次偶然的机会，他贷款五千元创立剧团，一九八一年农历六月十八日这一天，剧团第一场戏在同安田洋登场，首演当天观众好评不断。

作为同安为数不多的民营戏团，生存的压力无时不在。吕实力回忆，那时

吕实力带着剧团演员参加同安文化演出

全团三十多人出门唱戏,雇上两辆手扶拖拉机,一辆载演员,一辆载设备,靠着手扶拖拉机,将厦、漳、泉的高山、海岛走透透。一九九八年,剧团最困难时,每次出门甚至需要东挪西借凑盘缠,演出挣钱回来后再还上。"一度想过放弃,可是,我如果放弃了,剧团那么多人怎么办?同安传统戏剧,没有人来传承,今后上哪里听戏?"吕实力坦言,传承的使命,剧团的生存,他最终说服自己坚持下来。

创办于一九八一年的吕实力芗剧演出团,虽然是民营的文化戏班,却成为同安对外文化交流的使者,走出一条传承、传播同安文化之路,为海内外的乡亲送去解乡愁的药。一九九三年,吕实力芗剧演出团应邀赴新加坡演出四十多场,这是民营剧团第一次出国演戏,在当时十分罕见。在新加坡二十二天的演出引起轰动,新加坡当地戏迷感慨:"看着来自家乡厦门的剧团好亲切,异国他乡能听到家乡戏,真难得!"

之后,剧团连续五年赴文莱演出,这在全国同类剧团中凤毛麟角。在连看完吕实力芗剧演出团六场演出后,文莱宫廷大臣丕显甲必丹刘锦国大为赞赏,对剧团推广中华戏剧深表敬意。得知剧团出外演出乘坐的是农用车,刘锦国当即捐资二十万元,购买了一辆中巴赠送给剧团,他甚至连续多年为剧团演员发放补贴。

二〇〇九年,吕实力芗剧演出团赴台演出,同样引起轰动。吕实力讲述,起初他们到台北迪化街广场演出,主办方凭经验一度担心冷场影响演员的情绪,提早知会剧团,若观众不多不要太在意,以前别的戏团演出,观众看个几分钟扭头就走很正常。剧团一演出,没想到,人越聚越多,到最后,观众实在太多,戏迷们坚持看完两个小时的戏,以至于后来的观众要通过望远镜看戏。

随后,剧团在台湾十个县市巡回演出,每到一处人山人海,观众带望远镜来看戏就更多了,多的时候一场超过五千名观众,在台演出期间,数万台湾戏迷前来捧场。吕实力芗剧演出团演绎《母子河》《皇帝告状》等经典剧目,引发戏迷共鸣,触动思乡情,不少戏迷抹着眼泪看戏:"演得真好,如此行头,如此唱腔,在台湾舞台上难得一见,这才是正宗的芗剧。没想到,同安有这么优秀的民营

剧团。"

据不完全统计,近十九年来,该剧团到外国,以及到台湾等地区文化交流演出二十多次,累计演出两百场次以上,受到海外华侨和台湾同胞的肯定。

二

如今,吕实力芗剧演出团渐入佳境,团里有三十多名演员,一年演出三百场左右。很难想像,剧团的演出完全不用靠演出中介和演出经纪人,全靠剧团多年来高质量的演出积累的口碑,口口相传,剧团等在家里,就有演出需求电话打来预约。吕实力说,在厦漳泉地区,剧团有时在一个戏台上就能连演一个月。

吕实力说,为了提高剧团专业艺术水平,二〇〇七年委托厦门艺术学校培养专业戏曲人才,聘请京剧国家一级演员随团抓练功,演员练就过硬的基本功,唱、念、做、打、舞等,向国家级专业剧团标准看齐。"虽然我们是民间剧团,但我们以专业剧团要求团员们。"他说,现在剧团主要演出剧目有一百二十多个,不过,剧团坚持"常演常新",不断排列新剧目。剧团参加世界同安联谊大会、海峡两岸歌仔戏艺术节、海峡两岸文博会等公益性演出,给观众留下深刻印象。

大广弦说唱是主要流行于厦门地区的曲艺曲种,从芗剧中脱胎而出,成为新的曲艺表演形式。最早在二十世纪二三十年代,街巷村社歌仔阵就以之谋生,用歌仔戏乐器大广弦演奏,一人自拉自唱,两人自拉自弹对唱,三人拉弹坐唱。其中,大广弦说唱同时用歌仔调演唱,有卖药仔哭调、宜兰调等舒展哭腔,常用《锦歌七字仔》《安童哥买菜》等用于叙事。

目前,大广弦说唱进入同安区非物质文化遗产保护名录。二〇一五年,吕实力芗剧演出团被确定为同安区"大广弦说唱"非物质文化遗产传承基地。如今,顺应时代发展,大广弦说唱为新时代谱写赞歌。

二〇一八年六月,由吕实力芗剧演出团表演的大广弦说唱《闽南人讲闽南话》参加厦门市二〇一八年"文化和自然遗产日"宣传展示系列活动之"厦门市首届歌仔说唱征文与展演比赛",荣获展演一等奖。二〇一五年十一月,该剧团的大

广弦说唱《一曲弦歌唱厦门》参加首届福建省曲艺"丹桂奖"大赛,荣获业余组节目奖一等奖。这两次比赛的参赛作品,均由演出团青年演员担纲,其中吕实力的孙女吕晨怡是主唱,她从小跟着吕实力,耳濡目染,传承非遗文化,而今弦歌悠悠,唱响新时代主旋律。

三

同安是"钟表鼻祖"苏颂、民族英雄陈化成的故乡,也是理学大师朱熹首仕之地,素有"海滨邹鲁之地,声名文物之邦"的美誉,留下深厚的文化积淀。

二〇一六年五月二十一日晚,同安县衙旧址中心广场上,由吕实力芗剧团献演的《朱熹点化鳄鱼精》首演。该剧源自民间传说,二十四岁的朱熹首仕同安,遇到鳄鱼精为非作歹,最后朱熹以文昌笔收服鳄鱼精,为民除害,点化鳄鱼精成文昌鱼。吕实力介绍,《朱熹点化鳄鱼精》在朱子文化节演出,历时一小时四十分钟,共有三十多名演员参演,结合现代光影技术,综合性较强,唱功、动作、舞蹈并重,首演视频一放到网上,点击率破三万人次,剧团还在技术上有较大突破,为了展现神话效果,演员首次吊威亚。一年间,这出本土戏已演出三十多场。

二〇一七年苏颂文化节,同安本土大戏《贤相苏颂》,由吕实力芗剧团再次搬上舞台,讲同安本土名人苏颂为官耿介、忠于职守,该剧成为苏颂文化节一大亮点。为了丰富戏剧冲突,还原完整、真实的苏颂,《贤相苏颂》创作剧本用了六个月,十易其稿,排演过程精益求精,耗时二十天,是一般戏剧的五倍时长。吕实力说,为了获得更好的效果,该剧专门请来国家一级作曲家蔡艺榕作曲。该剧的舞台表现形式有所创新,尤其是光影手段。剧情中有苏颂与奸臣李定的对峙桥段,三组演员同时出现在舞台上,再现三个不同场景的交汇,让观众仿佛穿越时空,这是古装戏里罕有的创新运用。

走出吕实力西柯吕厝社区家门口,驱车五分钟就能抵达陈化成的故乡丙洲岛,"同安人演同安戏,陈化成是民族英雄,也是同安本土代表性历史人物,是爱国主义教育的本土生动题材",剧团邀请名家创作剧本,本土大剧《陈化成》剧本已完成,剧团正筹备将陈化成的英雄事迹搬上戏剧舞台,让陈化成的英雄形

象更加深入人心。

吕实力认为,在同安浩瀚的历史长河中,优秀历史文化人物灿若群星,除了苏颂、朱熹经过剧团演绎搬上舞台,下一步拟将陈化成、王审知、蔡复一等本土历史名人以戏剧形式搬上舞台,颂扬同安精神。

知人之鉴

武杨(厦门市文艺创作中心国家二级编剧、中国戏剧文学学会会员)

民营剧团在中华大地上的繁荣与崛起,成为满足几亿农民文化生活需求的生力军和主力军,吕实力剧团是其中一员。"只要节目好,不愁没观众",这句话既不是豪言壮语,更不是高谈阔论,这是吕实力剧团经营多年来恪守的信条。该剧团多年来稳扎稳打,健康发展,与剧团的坚守和勤奋分不开。二〇一七年,中共中央办公厅、国务院办公厅印发《关于实施中华优秀传统文化传承发展工程的意见》,提出并实施戏曲振兴工程,国家的政策让吕实力剧团更有底气和自信。

吕实力芗剧团演出本土剧《贤相苏颂》剧照

人物名片：

吕实力，一九四五年出生，同安吕实力芗剧演出团团长，厦门市戏剧家协会理事。吕实力芗剧演出团目前拥有相关传承人十五名，先后获"省先进剧团""省十佳民间职业剧团"等荣誉称号。剧团多次参加省市戏剧调演，屡屡获奖。小戏《判牛》获第十二届华东六省一市戏剧小品大赛银奖。

彭炳华：
修史立传，传承红色基因
——福建省优秀文史工作者、厦门党史专家

历史是最好的教科书。党史姓党,党史工作是党的工作的组成部分,是在为党修史立传,为党撰修"红色家谱"。在同安,有这样一位撰修"红色家谱"的老党员,三十多年里,彭炳华的人生轨迹与党史研究密不可分,他先后在省、市、县(区)有关报刊上发表一百多万字党史资料、文史资料。

老彭是个较真的人,为了两个错别字,他可以骑着自行车,冒雨从几公里外赶来,只为当面说个清楚。平常爱看报读文章,爱挑刺,直言不讳,他自称因此"得罪"一些人。不过,老彭一直不改对事认真的那股劲儿。多年来,彭炳华以政治责任感和使命感,在学习钻研党史、国史的过程中,深入思考,为党存史,以史鉴今。他还在同安区、翔安区党校和几十个单位宣讲党史,发挥党史工作资政育人的作用。

一

彭炳华出生在同安县辖区的沙美村(今翔安区新店镇沙美村),这里是同安县的革命老区村,红色历史底蕴深厚,有"大革命时期"厦门唯一的农民协会旧址,有时任闽南工农红军第二支队政委的彭德清于一九三六年沙美突围旧址。"我从小在沙美就听说了很多本土红色故事,这些红色故事耳熟能详",彭炳华在出生地的经历,是他与党史的最初结缘。

一九八一年一月,彭炳华调入同安县委办公室工作,一九八二年十二月至一九八七年六月,先后任同安县委党史办副主任、主任。在同安县委征集抢救党史资料办公室时,征集抢救党史资料是他的主要工作,五年间,由彭炳华主笔的《同安党史参考资料通讯》出版二十多期,为二〇一六年出版的《中国共产党同安历史》(第一卷)、二〇一七年出版的《中国共产党翔安历史》(第一卷)提供了大量的第一手资料。

为了搜集资料,考证党史,严谨的彭炳华还专门给时任交通部部长彭德清写信。一九三一年,彭德清任共青团泉州特支书记,工作范围扩大到莲河地区。年底,彭德清化名陈国华,以莲河小学教员的身份为掩护开展活动,组织码头工人罢工斗争。一九三二年,莲河小学的情况暴露了,彭德清只能就近转移到

南安山区岭兜，当时他身无分文，找莲河码头工会负责人吴天影借了三块钱作盘缠。

为了核实借钱的细节，彭炳华写信给远在北京的彭德清，彭德清回信，"因为没有钱作路费，就找吴天影同志来一起研究分析形势"，"他接受了任务后就回去取了三块钱给我们作路费，我们即离开莲河。我离开后就没有再到莲河了。新中国成立后我曾从邮政局寄给吴十块钱作为还给他所借的路费"。

在浩瀚的党史长河中，彭炳华寻流溯源，从蛛丝马迹中探究真相，填补空白。一九八七年，厦门市委党史办出版十集《厦门革命历史文献资料选编》（一九一九至一九四九年），在第七集里，出现中共厦门中心市委一九三五年一月十七日报告《当前工作和厦门组织破坏情形》里提到的"书记仍旧子""子老余"。"老余是谁，全名叫什么，我认为很有必要弄清楚。"彭炳华记得，在征集抢救党史资料时，老同志多次提到，彭德清一九三六年四月二十六日雾夜在沙美突围，中心市委书记老余住在邻村南安县"鹊鸟垵"，在撤退时失踪了。

彭炳华在家中查阅党史老照片等资料

"活着的人想不起来老余的名字,去世的干部档案里或许能有所发现。"彭炳华从寻找和老余共事过的人切入找线索。最终,他找到当时的莲河区委书记吴复基的档案,吴复基自传中明确记录有中共厦门中心市委书记、台湾人余南的名字。至此,一个在党史中未解的谜团被解开。"不能长使'出师未捷身先死'的英雄余南'泪满襟'",彭炳华拨开迷雾,写下《土地革命战争时期佚名的中共厦门中心市委书记余南的姓名考证》一文,填补了党史中的空白。

退休后的老彭还是个"拼命三郎",从事党史研究,有时一连工作好几天,坐得住冷板凳。"抢救党史资料,就要有紧迫感,稍微拖延一点时间,就有可能留下遗憾。"近年来,彭炳华以只争朝夕的精神,在党史领域精耕细作。为了写好同安、翔安党史一、二卷,他通读、精读《厦门革命历史文献资料选编》等图书并做摘录。彭炳华白天到档案馆查阅、复印资料,晚上编写,通常晚上十一时才休息,被孙子"告密"到奶奶那里。二〇一七年,彭炳华得了急性糖尿病,住院期间还带上《中国共产党同安历史》二卷在病床上审稿。二〇一九年,为了突击编写同安区委组织部交办的展览馆文本《中国共产党厦门历史》,他甚至干到凌晨三点半,因此被儿子"警告"。

彭炳华夜以继日耕耘在党史的天地里,熟知厦门党史,他屡屡受邀,担任党史展厅文本主笔。比如主撰"彭德清纪念室",同安区梧侣工业区,翔安区马巷镇五美社区,新店镇"红色沙美",新圩镇、内厝镇(均为新民主主义革命时期)的党史展厅文本。

多年来,彭炳华撰写了大量党史文章,丰富和充实了同安、翔安的党史档案。他在党史研究方面发表的主要文章有《中共福建地方组织早期的反腐斗争》《寻找参加长征的同安县委书记张益坚》《关于早期中共同安地方组织名称及存在时间的考证》。党史人物文章同样不少,如《两岸人民的好儿子——台共创建者翁泽生》《同安农民运动的一面旗帜——彭友圃》《剿匪模范彭春夏》。

厚积薄发,彭炳华在党史等领域颇有建树,"历史不能遗忘,每一段的历史,都要经得起时间的检验"。写作前,彭炳华总要做足前期功课,精读革命历史文献等材料,做好摘录。平时,他大量阅读与厦门有关的各地的党史正本,

汲取立场、观点、方法,"写党史,必须有看齐意识、核心意识,一点也不能走样"。

二

一九八七年十月至一九九〇年九月,彭炳华任马巷镇镇长。担任镇长期间,他运用文史知识,为台胞寻根谒祖,带动招商引资。

一九九〇年,台湾福寿饲料有限公司董事长洪炳鸿找到彭炳华,希望他能帮忙寻根,对方提供了信息——灯号"嶝山",桃头是秋房"杀猪仔桃"。因平时经常下乡,颇有积累,彭炳华查阅了马巷"下三洪"(窗东、蔡浦、后莲三村)的族谱,发现"下三洪"先祖洪道于南宋绍兴年间隐居同安县小嶝,创"嶝山"灯号,窗东也有一个桃头称秋房"杀猪仔桃"。由此,彭炳华帮台商找到位于马巷镇窗东村的祖籍地。为了表示感谢,台商来到彭炳华单位宿舍,取出一千美元作"见面礼",彭炳华当场叫镇政府办公室和镇财政所负责人开了收据,明确此款用作镇里残疾人的救济金,台商见此深受感动。之后,洪炳鸿多次带领家族主要成员回祖籍地谒祖,在窗东、小嶝建了新校舍、宗祠,委托彭炳华为他寻觅投资建厂的厂址,最后,他选择在同安顶溪头建福寿饲料有限公司。

同年年初,台商洪仲篪在泉厦两地辗转寻找祖籍地未果,他提供的寻根线索是"湖莲洪氏春房"。彭炳华记得,马巷镇后莲村修缮宗祠时,后厅墙壁上写的正是"湖莲",后来衍成"后莲",是为了书写方便。族谱记载,春房长子洪阳春(二世)分衍至马巷湖莲,清代时,十一世洪江水、洪子弼,十四世洪培妈,由湖莲迁台湾彰化芳宛镇。清明节后,七十多岁的洪仲篪到马巷后莲谒祖。当天,大雨滂沱,彭炳华为他撑伞,时刻提防老人家滑倒。果不其然,老人家在走一条石板路时打了个踉跄,彭炳华眼疾手快把他扶稳。这一突发状况令老人面露不悦,"今天您来认祖归宗,感动得连苍天也流泪了",彭炳华一句话令老人转愠为喜,他当场表示,他有五子,儿孙中有好几个博士,家族企业电子公司颇有名气,可以考虑到祖籍地发展。不久,洪仲篪在后莲开办洪氏电子有限公司。

一九九〇年至二〇〇三年,彭炳华曾任同安县(区)政协常委、政协办主任、

提案文史办主任、政协办调研员。一九九六年至二〇〇二年,他负责主编《同安文史资料》。

从一九八二年起,他陆续发表《天怨人怒贾似道 岩石倒悬树成"贼"》《百年四遇台风王》《"中兴轮"惨案》《彭德清与家乡建设》《同安华侨与辛亥革命》等文章,介绍同安籍名人、人物地名故事、姓氏源流、家风家训、民俗、宗祠等。

值得一提的是,彭炳华主编的《同安姓氏专辑》,作为第四届世界同安联谊大会的礼品,献给海内外同安乡贤。"家必有谱,族必有祠",彭炳华说,以族谱为依据,《同安姓氏专辑》介绍了同安七十多个主要姓氏,还初步探讨了同安先民开发台湾、同安与金门澎湖的历史关系、古同安望族以及谱牒学,达到"供三胞寻根谒祖,让百姓饮水思源"的目标。

早在一九九六年,彭炳华撰写发表《"同安精神"初探》,他考证了"同安精神"的来历——一九九四年的首届世界同安联谊大会上,新加坡诗人李金泉作

彭炳华在同安方志办找资料

《世界同安联谊会会歌》:"一脉相传本同根,五洲遍布同安人。乡情重,梓谊深,四海乡亲一条心。携手联谊团结紧,共商宏图传佳音。奋起吧,众乡亲,高声歌颂同安精神!"

为寻找依据,彭炳华请教了集美校委会的陈少斌,对方邮寄了一九八〇年十月初版的《战前的陈嘉庚言论史料与分析》的有关章节,作者是澳大利亚华裔博士杨进发,提及:"陈嘉庚之敢作敢为、敢怒敢言与敢想的言行,是'同安精神'的最高表现,也是一生中坚定不移的领导风格。如果能把'同安精神'用在国家民族的正义事业上,则百事亦当迎刃而解。"

彭炳华认为,杨进发博士在陈嘉庚研究中鲜明地标举出"同安精神",对当下仍有积极作用和深远意义,他善于从浩瀚的历史中汲取营养,发现蕴涵丰富的经验,以古鉴今。"同安精神,不仅是同安的华侨精神,也是福建人民的精神,举起同安精神的'火把',必定能够照亮海内外同安人的道路。"他对"同安精神"的考证,引起同安区委宣传部的关注和讨论。

三

彭炳华不仅在党史、文史等领域笔耕不辍,一直以来,扎根生活,勤于创作。一九六八年,他毕业于福建第二师院中文系,一九七〇年至一九七三年,在南平化纤厂工作期间,他就显露出文艺方面的潜力,参与创作歌舞剧《南纤赞歌》,产生较大影响,这也让他备受鼓舞。

在深入了解抗战历史的过程中,一个同安渔民救护美国飞行员的真实故事引起彭炳华的关注。一九四五年三月二十二日,美国海军一架轰炸机对厦门沦陷区日军军事目标实施轰炸,被日军炮火击中,坠落于距机场仅五里的同安县鳄鱼屿,机上十三人,六人殉难,七人受伤。当时,同安渔民冒着被日机和日艇扫射伤亡的危险,驾船出动,把美军飞行员全部接上船,送到鳄鱼屿东礁隐蔽。彭炳华将这一真实历史故事写成答嘴鼓作品《海上救护》,他还创作出短篇小说《玉翠》《家兴》《恩同再造》等,散文《香山情结》《南安社教忆录》《新加坡带孙琐记》《香港诗人王一桃笔下的"同安人在台湾"》等,话剧小品《宁添一斗》《李代桃僵》等。

"发白未懈初心志，无求无愧在文坛"，彭炳华自述，自参加工作以来，始终不敢松懈，特别是在调回同安工作以后，在党组织的培养下，他在党史、文史工作岗位上干了几年时间。改革开放后，同安文化事业日趋繁荣，也为他提供了投稿平台。

近年来，在一些重要的历史节点，彭炳华以史立档。一九九六年十二月二十三日，省政府根据国务院的批复，撤销同安县设立厦门市同安区。一九九七年五月一日，同安区人民政府挂牌办公。"同安抓住千载难逢的历史性机遇，解放思想，跳出'小同安'意识，树立'大厦门'观念，确立工业化、现代化、城乡一体化，与厦门市全面接轨的发展总体思路，在跨世纪之交撤县设区，从而翻开历史的新一页"，彭炳华写下《翻开同安历史的新一页》一文，记录了同安撤县设区的来龙去脉。

在纪念抗战胜利七十周年之际，他在同安电视台开辟专栏，写下《七七卢沟桥事变前同安抗日救亡运动的兴起》《文献、档案资料记载的抗战期间日机轰炸同安县城的概况》等文章；在庆祝改革开放四十周年之时，他发表了《伟大的预言》《求真务实 讲管用的话》《同安区委区政府领导同安人民抗击"莫兰蒂"纪实》等文章。

其中，《求真务实 讲管用的话》追述了习近平同志在二十世纪九十年代在福州工作下基层调研实话实说的几件事：搞"五通"（路、水、电、电话、电视）不如迁村庄，建新村不等于建新房，别墅不要成了"别野"，慎提"献礼工程"，"抗"（指抗台风）不了就要跑，"苹果"（指国企改革）不能等烂了卖。这篇文章，被厦门市委作为学习资料。

彭炳华时常感到责任在肩，虽然已年过古稀，"接单"却越来越多。他笑说，为了完成任务，不得不"日以继夜"地加班。"用时下的话说，是'五+二''白+黑'，的确是连节假日也在伏案写作，除夕也不例外，一年到头，几乎每天都在工作。"

二〇〇三年，彭炳华开始学电脑打字，便于写稿投稿。二〇一五年五月，他不慎摔倒，造成左手掌粉碎性骨折畸形，他暗自庆幸，幸好还能左右开弓敲打电脑键盘。长年累月写作，他乐在其中，"这个工作挺难，可是，如果没有人去写，一些重要历史片段，以后就没人知道了"。他希望，能有年轻人来跟他学党史。

知人之鉴

吴丽琼（中共厦门市委党史研究室调研员、原副主任）

彭炳华是资深的党史工作者。他对同安党史深耕多年，著述颇丰。他的文章立足于革命历史文献，注重史论结合，行文严谨准确，文字简洁生动，不但有独立见解，还时有创新。近年来，他的文章常见诸报端。他勤于思考，善于学习，富有钻研精神，在很多方面都有所涉猎。他的文学素养深厚，除了党史研究，散文、短篇小说、话剧小品、答嘴鼓等文艺作品的创作也驾轻就熟。难能可贵的是，他还是一个热心人，古道热肠，常常不计报酬向有关方面提供稿件和资料，在党史宣传方面殚精竭虑。

李小玲（中共厦门市委党史研究室征研处处长）

彭炳华同志是一位勤奋敬业的老党史专家，令人尊重、敬仰的党史界前辈。他在地方党史研究领域具有很高造诣，堪称同安的"活党史"。多年来，他以高度的历史责任感和使命感潜心挖掘、研究党史，撰写了《中国共产党同安历史》《中国共产党翔安历史》等多部高水准的党史专著，还撰写大量具有创新意识和较高学术价值的党史研究论文。他以扎实的史学研究功底，严谨认真的治学态度和刻苦钻研、孜孜不倦的拼搏精神，成为我们党史工作者的标杆和榜样。

人物名片：

彭炳华，同安人，一九四五年十一月生。一九六八年八月毕业于福建第二师院中文系。一九七三年加入中国共产党。曾被福建省政协办公室授予"优秀文史工作者"称号。主编县（区）党史、文史期刊多年。作为《中国共产党同安历史》《中国共产党翔安历史》一卷、二卷，《翔安革命老区发展史》主笔，仅这四部书就有一百万字。作品入选《同安县民间文学三套集成》《同安优秀文学作品选》《同安曲艺作品选》等。

严宗珍:
铁画银钩,绘就同安画卷
——中国现代民间绘画优秀辅导员、书画印"三栖名家"

聊起同安农民画,严宗珍如数家珍

二〇〇六年,他从同安区文化馆退休,工作四十年,虽然其间有过许多机会离开,他始终耕耘在文化工作一线。虽年过七旬,文化圈里的许多人仍亲切地唤他"小严"。默默无闻、无私奉献、为人厚道、乐于助人,这是不少人对文化馆干部严宗珍的印象。

二〇一六年前,他题写了"银城文明引力波"七个书法大字,如今遍布同安城乡,"银城文明引力波"已成厦门文明创建品牌之一。作为文化战线上的老兵,严宗珍书、画、篆刻样样精通,他对同安农民画的贡献尤其卓越。"同安现代民间绘画(农民画)无限风光的背后,有一个人不能不提,他就是严宗珍",不少同安农民画家感慨道。

一

中国农民画是新生的画种,虽然出现时间不长,但在民间绘画史上,如一颗璀璨的明珠,闪耀着独特的光芒。严宗珍不仅是同安农民画发展历程的见证者,

也是参与者、组织者。

他讲述,同安农民画最早可追溯至二十世纪五十年代,形成一定的规模是在一九五八年,同安农民画一出现就带有强烈的时代特征,同安农民画兴起,遍布海岛与山村,创作呈现"老少作画,诗画满墙"的新气象。不过,当时农民画作者绘画条件欠佳,对色彩运用的认知有限,技法等方面都有待提高,且农民画创作氛围单薄,农民画作者队伍零散。

一九六九年,刚毕业的严宗珍被安排到同安县文化馆工作,他和同事张厚进等经常下乡搞展览,用板车推着展览品,从一个村走过另一个村,这是早期的"文化下乡"。他回忆,当时条件艰苦,乡下没电灯,两人就在板车上挂一盏马灯,走到偏远山村,比如西坑村、淡溪村,要带着棉被一起"下乡"。除了展览,摸清同安全县农民画作者的情况并开展培训,这是他们的"主业",每到一个村,他们总要打听:"这村子里,有没有喜欢画画的人?"

严宗珍和同事常选择农闲时候下乡,夜宿山村,有时睡在学校里,用学生课桌拼一下,铺上稻草,打发一晚上。下乡打赤脚,这一走就是十多年,"那时候下乡,打赤脚是潮流呢",他说,吃的东西也单调,下乡与农民同生活,吃住在一起。到了山区,经常要自己带吃的,没有菜,泡一杯糖水当菜,就着米饭下肚。下乡时,他们也和农民一起干农活,插秧、割稻,一样都不少。

作为文化人,严宗珍体验着农民的生产与生活。他说,比如犁田,黄牛一脚前一脚后,农民左手执缰绳,右手扶犁耙。农村的体验经历,成为农民画创作不竭的源泉,也让严宗珍对农民画作者、同安农民画产生深厚感情。在物资匮乏的年代,农民画作者一手扛锄头,一手拿画笔,辛勤耕耘,用绘画抒发感情,画面里充满感情,农民画就是一种"重在经历"的画种。

从一九六九年到一九七二年,经过三年摸底走访,大同安(含今天的翔安区)一百二十多名的农民画作者被"找出来",严宗珍等人就在农民画作者集中的村落以及同安城里开培训班。在村落里,一到晚上,他们点上马灯,在村头、祖祠,手把手教农民画画。初期,农民画作者对色彩运用比较薄弱,构图相对单一,严宗珍就为农民画作者出点子,帮忙构图,手把手教。他们还时常把纸张、颜料、

画笔送到农民画作者手中。

吴再听是同安洪塘镇石浔村的渔民,也是最早的农民画作者之一,他参加农民画培训班的积极性很高。当时已经六十多岁的吴再听每次都要带上豆酱等食物,淌过溪流到城里听课,一来就是一整周。农民画作者柯朝汀当时家庭条件比较艰苦,为了画好农民画,他点着煤油灯,画画的时候,就掀开席子,拨开稻草,以床板为画桌,在床板上作画。农民画作者的执着,令严宗珍十分感动。

二

从二十世纪六十年代开始,在同安文化部门的关心扶持下,在美术工作者的辅导下,农民画的功能从壁画宣传转为反映生活,歌颂生活,农民画得到长足发展。一九六六年,《同安农民画展作品选》由福建人民出版社出版,这是同安农民画发展的良好开端。这时候的农民画,主要反映同安兴修水利、农业生产、城乡变化的新貌。

为挖掘和保护传统的民间美术,培养新的民间绘画人才,同安县文化馆在各乡村设立培训点,举办农民画培训班,严宗珍等人在城区文化馆、乡村文化站集中指导农民画创作,经过挖掘、培育,活跃在同安、翔安的农民画作者创作出一幅幅朴实强烈、富有乡土味和时代精神的农民画,同安农民画大放异彩,让朴实的农民艺术家有机会进入绘画艺术的殿堂。

严宗珍介绍,从二十世纪七十年代起,同安农民画陆续在福建省内获奖,二十世纪八十年代,同安农民画迎来巅峰时期,成为同安的文化名片。一九八八年二月,同安县被文化部命名为"中国现代民间绘画之乡"。此时的同安农民画已形成自己的风格:就地取材、用色大胆、大红大绿、通达粗犷,带有浓重的民间气息,给人以强烈的视觉冲击。画面色彩的处理尤其泼辣,单线勾勒、平涂设色;用色单纯,装饰性强;对比鲜明,视觉强烈。

同安县成为"中国现代民间绘画之乡",严宗珍功不可没,他自己也因此荣获"中国现代民间绘画优秀辅导员"称号,他是同安农民画默默无闻的辅导者和组织者。他下乡辅导农民画作者,一住便是几十天,与农民同吃同住同劳动;农

民作者吃地瓜稀汤配咸萝卜干,他也一样吃;农民作者白天要赶农活,他也跟着下地挑粪割稻;夜深人静,他与农民作者一起伏在昏黄的油灯前构图,描线,填色……一张又一张富有劳动情趣和生活气息的画作相继诞生。

　　一九八三年,在北京举行的全国农民画展,同安《车鼓弄》获奖并选送出国展览;一九八七年,十幅同安农民画作品选送全国现代民间绘画展;颜明算的《春》入选首届中国艺术展并被主办方收藏。颜明算常说:"我很幸运,刚学画画时就遇到了小严(严宗珍)这样的良师。如果没有严老师心贴心手把手地教导、培养,就没有我今天的成绩。"颜明算的话,代表了许多农民画家的心声。

三

　　十几米高的宣传壁画,巨幅领袖肖像即将绘成。一手端着装油画颜料的脸盆,一手握着画笔和调色板,画者在简易搭成的脚手架上,一边拭去汗珠,一边眯着眼睛审视画面效果。有个孩子在背后看他忙活大半天了,却舍不得离开。孩子发

严宗珍(左)指导同安农民画作者柯国庆(右)进行创作

现,无论从哪个角度看这幅肖像,伟人那慈祥的眼神始终望着他,跟着他,真是太神奇了!这是发生在二十世纪七十年代初的一幕,画者是严宗珍,那好奇的孩子是小学二年级的学生黄亚彬。

严宗珍讲述,每到逢年过节,是他最忙碌之时。同安县城的节日气氛布置,他参与其中。二十世纪七十年代,宣传油画是重要的宣传方式,严宗珍曾在两个月的时间里,画了五十多幅油画。这些反映群众新生活、农业大丰收的油画,被挂到同安、翔安各乡镇的显眼处,成为特定的时代印记。

严宗珍从小喜欢书法和画画。早在读小学时,当同学们还在用铅笔写作文时,严宗珍已经在用毛笔写作文,常年的书写,积累了扎实的基本功。工作以后,大字报、广告字、节目单、广告牌等,都要靠手写,严宗珍得心应手。

对书法,严宗珍师法传统,追求朴拙苍茂、浑厚、挺劲之风。在他看来,写好字,基本功要扎实,楷书是基础,不仅要注重执笔方法,也要多临帖、看帖,掌握字的结构。比如难写的书法大字,大字的结构不好控制,对比例的搭配要求极高。

"中国书画博大精深,笔墨是根本,人文精神是灵魂。"在严宗珍看来,书写者对书法理论的学习不可或缺,高雅艺术需要修炼,需要永恒追求,他不仅研究流行书风,也在不断探索创新,"以什么样的笔划,才能做到刚劲有力,挺拔厚重"。

严宗珍认为,书法与绘画相得益彰,字要写得灵动,跟绘画有很大的关系。绘画多变,讲究构图,注重用墨,有浓淡、粗细、黑白对比等。很多书家看过严宗珍的大字,评价其字:厚重粗犷,线条像钢筋一样,刚劲雄浑。

书法之气,字如其人。严宗珍为人随和、平易近人、淡泊名利,一个包容豁达的人,写出来的字才会大气浑厚,一身正气。他还钻研篆刻,在方寸的天地里构图,既注重粗细变化,又讲究虚实结合,他的篆刻同样令人称道。

四

"铜鱼"是古同安的象征之一,是同安文明史上代表性的文化遗产。同安文化地标——铜鱼池,上有铜鱼亭,其石碑上刻有"铜鱼池"三个遒劲有力的行

书大字,这出自严宗珍之手。请他题字,需要多大的字,他就写多大的字,按照一比一的比例书写,"大字不好写,虽然以小字放大处理很常见,我一般以等大的字进行创作",这是严宗珍的书写习惯。为了写好"铜鱼池",他专门查阅了宋代苏轼写的"鱼"字,复古而厚重。

二〇一八年十一月,厦门唯一的孔庙启动三十年来最大规模的修缮。作为孔庙古建筑群的重要组成部分,苏公祠是此次修缮的重点。匾额"苏公祠"三个行书大字以及对联都由严宗珍撰写。

梵天禅寺和梅山寺的后山有书法碑林,在二十世纪九十年代,书法碑林向全国范围的书法家征集作品,各地写来的作品,字体有大有小,大部分书法作品都需要放大,再镌刻到石头上。"放大"全国书法家墨宝的工作,也由严宗珍来完成。放大书法字,既要按照比例,又要符合原作,考验书法功力。他在一个多月时间里,完成了几十幅书法名家的作品"放大"工作,如今书法碑林是同安代表性的人文景点。

在厦门朱子书院,有一幅国画《朱子银邑揽胜图》,画的是朱熹采风问俗,尤为引人注目,为该书院增添了亮彩。画面中,同安的双溪、东桥等景观跃然纸上,在书童陪伴下,二十多岁的朱熹翻山越岭到同安民间各地采风问俗,"担任同安主簿的朱熹,那时只有二十来岁,书生意气风发,留的是短胡子,他的眼神中充满了坚毅"。

二〇一八年十一月,献礼改革开放四十周年,同安农民画长卷《古同安今厦门 双溪水鹭江潮》创作完成,由几十名同安农民画作者集体创作。这一同安农民画长卷以同安"母亲河"双溪为主线,串联起古同安今厦门的历史文化节点,见证同安改革开放的沧桑巨变,绘就新时代同安风情画卷。严宗珍既是参与者也是指导者。

知人之鉴

宋永贤(福建省曲艺家协会副主席)

虽然小严(严宗珍)没能实现童年的梦想,成为一名大画家,但他的画基本

功扎实，沉雄浑厚，有李耕之遗韵；他的书法取法高古，大气率真，篆隶楷行草五体皆能；他的印得益于绘画基础，构图奇诡，又充满现代气息。不用说在同安，就是全厦门市的艺术家当中，书、画、印俱佳的多面手也凤毛麟角。

人物名片：

　　严宗珍，出生于一九四六年四月，一九六七年毕业于福建工艺美术学校，从事群众文化艺术工作四十年，组织、辅导现代民间绘画创作，收获颇丰。作品参加国内外展览并被收藏，培养了大批美术人才，荣获"中国现代民间绘画优秀辅导员"称号。他还是省书协会员、省现代民间绘画研究会理事、中国书画名家研究会会员、中国艺术名家研究院特聘副院长、中国老年书画研究会创作研究员等。

许友金：
痴"谜"不悔，让人一猜几十年
——全国知名谜家、同安"灯谜五虎将"之一

银城代有谜人出。"瓜儿连着藤,藤儿牵着瓜",打一网络工具,谜底是"QQ"。这是二〇〇九年全国灯谜界评选出的"老百姓最喜爱的谜语一百条"之一,制谜者为许友金。"为人计,爱到底,一生平易近人",打一谜人,谜底为:"许友金"。半个世纪以来,常自娱常娱人的谜家许友金,痴"谜"不改。

"灯谜,是运用汉字的特性进行别解的一种供人猜射的语言艺术"。许友金提出的灯谜定义,引起全国谜界的关注。清代以来,同安籍谜家层出不穷,作为蜚声谜坛的灯谜"五虎将"之一,许友金学谜不辍,研究不止,制谜常新,长期为群众办谜会。

一

灯谜,不只是文人雅士的游戏,其雅俗共赏、亦庄亦谐、老少皆宜、寓教于乐,拥有广泛的群众基础。

"云姑娘吃醉了……在山子后头一块青石板磴上睡着了!"这谜面出自《红

许友金经常组织灯谜现场竞猜活动

楼梦》第六十二回，谜底是唐代孟浩然的五言诗句"春眠不觉晓"。许友金的博客"长庚五八六四"三天发布一谜题，把《唐诗三百首》相关诗句制成谜题，供海内外网友猜射。他希望在引领人们品味领略唐诗深厚底蕴的同时，为灯谜文化注入优秀历史文化元素。

二〇〇七年以前，许友金不会电脑，为了扩大同安灯谜传统文化影响力，退休后的许友金苦学电脑。二〇〇七年十月三十日，他在网上开通灯谜博客"长庚五八六四"。截至二〇一九年三月，七十三周岁的许友金一手创建的这个博客访问量达五十二万人次，被全国灯谜博客圈评为"明星博客"，成为海内外谜友交流的网络平台。

痴迷灯谜半个世纪，许友金痴心不改。早在二十世纪六十年代，他还是一名高中生时就喜欢上猜谜。他觉得，学灯谜就是在学语文，趣味盎然。一九八五年，他当上中学语文教研员，对灯谜如痴如醉。他的轶事《手电筒与跳蚤》为谜友们津津乐道。以前他躺床上即睡着，喜欢灯谜后，夜里常常要醒来几次。夜深时，妻子迷糊中觉得亮光一闪，遂问："天亮了，该做饭了？"原来，许友金痴于制谜，为及时记录一时构就的谜面，备好手电筒，每有所得便悄悄在被窝里记下。听到妻子问话，他灵机一动应声："跳蚤折腾，正抓呢，天还没亮。"

"许老师啊，你焚膏继晷，不辞辛劳，爬罗剔抉。"中华灯谜学术委员会学术研讨部部长赵首成这样称赞他。网络谜友"又一风"则评价他，"在谜与学之间搭座桥梁，在玩和究中间找到快乐"。许友金说，灯谜自身谜趣无穷，他乐在其中，常自娱，也常娱人。

二

二〇〇七年，许友金在博客上写下第一篇博文《众里寻他千百度"——"灯谜"定义浅探》，认为灯谜是运用汉字的特性进行别解的供人猜射、欣赏的语言艺术："灯谜，是一种语言艺术，必须挣脱'文字游戏'的束缚，可以跟相声相媲美。"许友金在中华灯谜艺术高层论坛上又一次界定灯谜，引起与会者叫好。其关于"灯谜"的定义被中华灯谜学术委员会申遗部部长、灯谜理论家苏德友多

次引用，许友金认为，不能仅仅把灯谜视为"文字游戏"，应科学认识，才能以优秀的作品影响人，以健康的情感感染人，以先进的思想教育人，以积极的态度激励人，以内在的力量推动人，以高尚的人格引领人。

二〇一四年九月，许友金参与策划、组织同安苏颂文化节灯谜邀请赛，这是同安灯谜史上第一次举办省际灯谜邀请赛。来自广东普宁、澄海、汕头，福建龙岩、泉州、石狮、龙海等地的谜人齐聚同安射虎。以高武煌为领队的台湾、金门谜师友七人，首次到同安交流谜艺，开了同安谜人与台、金谜人联谊的先河！

"东风过巷蛙声闹"，打一同安非遗民俗？谜底为"车鼓弄"。此次活动同步开展网络灯谜大赛。同安谜家联合全国谜家、谜人，制作大量谜语，许友金等人在二十多天时间里制谜八百多条，涵盖苏颂文化、同安名人等内容，专题网页阅读量超过一百万人次。线上和线下谜赛的举办，为同安灯谜文化注入强大的传承力量。

在谢瑶中、许友金等人的推动下，二〇一一年同安民俗文化丛书《灯谜》由厦门大学出版社出版。此书荣获二〇一一年全国公开出版谜书最高奖。《中华灯谜年鉴》对该书评价："体现了一个区域灯谜的源流及其传承，为民俗文化添上斑斓的一笔。"书中辟有"谜事春秋""谜人风采""方言谜作""谜海探宫""谜月钩沉"等栏目，其中，"谜事春秋"汇集了同安自清代、民国至今谜人、谜事、谜书、谜刊的许多资料；"谜人风采"收集了十四位仍活跃在同安乃至中华谜坛上的谜人谜作。

三

从二〇〇四年，许友金第一本谜书《原野集》出版以来，《乙酉集》《黄耳之歌》《养怡集》《侃谜集》《百草集》《长庚长底谜作选》等八本书陆续结集。这一切，源自许友金的厚积薄发。二〇〇八年八月，北京奥运会举办，中国运动健儿每新获一枚金牌，许友金便以奥运冠军名字为谜底，献上一谜一联，从不过夜，都收录在他的《养怡集》中。

"搞灯谜,是想让自己多学习一点知识,活到老学到老。"时至今日,许友金依然每天保持半天的学习和制谜时间。早上六点半,他会准时坐到电脑桌前,一边喝茶一边浏览各大网站,了解新闻时事,而后打理博客"长庚五八六四",或制谜,或与全国谜友交流。"灯谜创作很有趣,要跟得上时代步伐,每天学习积累,就有取之不尽用之不竭的源泉。"许友金自得其乐,他的勤奋可见一斑。

许友金说,灯谜包罗万象,必须与时俱进,谜人不学习就不能进步,不扩大灯谜人口,灯谜就难以传承。"虽然同安灯谜在海内外有名气,我们仍要继续努力,山外有山,不能夜郎自大,还要扎扎实实做一些普及推广的事情"。

许友金等人坚持吸引和培养年轻谜人,以解决断层问题。从一九八七年至今,他致力于培养灯谜骨干,以传承优秀的灯谜文化,让同安灯谜协会焕发新的活力。多年来呕心沥血,一批年轻谜人迅速成长并发挥骨干作用。如陈晓映、詹彬彬,他们致力于将灯谜与非遗结合。比如二〇一六年,同安谜协打破灯谜演独角戏的状况,先后与三家非遗项目的单位(企业)联合,发起香谜、南音谜、漆雕谜三

许友金是全国有名的谜家,获奖不断

次海内外灯谜创作大赛，得到海内外谜人热烈响应，创作出大量高质量的非遗内容谜作，还结集出版《香谜》等书籍，灯谜的传承之路越走越宽。

四

　　文化底蕴厚重的同安才人辈出。早在清代，有谜书结集流传的同安籍谜家就有二十多位，如沈观格、王步蟾、蔡搏、高峻，他们蜚声文坛，各领风骚。当下谜界，同安谜人崛起，有"灯谜五虎将"：许友金、蔡秋湖、王嘉宾、黄惠中、谢瑶中，他们名声在外，因制谜活跃，作品质高量多，屡屡获奖，在全国谜界颇有影响力。早在一九八七年，《中国灯谜》发表谜作，许友金和蔡秋湖的两条谜语双双入选，那时起，同安灯谜开始走向全国。

　　"富国强民撸袖加油酬凤愿，美言丽句迎新辞旧唱元春；同追绮梦丁酉迎接新时代，安定大局戊戌践行决胜期"，这是许友金创作的"富美同安"嵌首联。为了让同安灯谜深入人心，逢年过节或重要法规出台，同安区各单位宣传方式优选灯谜。"群众活动如果没有灯谜，就感觉缺了点什么。"许友金等人坚持办公益谜会，开灯谜讲座，配合专题活动宣传，从二十世纪九十年代至今，举办活动在八百场次以上。

　　猜灯谜，是学习语文的有趣途径，灯谜的传承，要从娃娃抓起。从二〇〇七年开始，许友金在凤南中学开设灯谜课，凤南中学语文组教师开展"灯谜与语文课堂教学"研究课题；二〇一七年十月，该校首次组队参加在广东顺德举行的全国首届中学生谜语大赛，获团体优秀奖；二〇一八年三月，凤南中学举办同安区首届中学生灯谜邀请赛。此外，他还在同安一中、新民中心小学、祥平中心小学等学校开设讲座，多年来讲座不下百场，灯谜欣赏在年轻学生中萌芽。

　　许友金认为，灯谜文化传承的重心在校园，灯谜本身的知识性、趣味性决定了其必定成为校园文化不可或缺的组成部分。"灯谜是百科书、轻骑兵、催化剂、试金石，扩充了校园文化内涵，提高了校园文化效益"，他认为，灯谜包罗万象、跨越古今、寓教于乐，能取得良好的教育效果。他还建议，提高一座城市的文化涵养，灯谜是良好的载体，若在各大景区和公共休闲场所，结合具体场景，恰到

好处地设置灯谜，市民、游客走到哪里就能猜到哪里，将为这座城市注入更丰富的文化涵养。

知人之鉴

赵首成（中华灯谜学术委员会学术研讨部部长）

他对待灯谜的态度，既严肃认真又风趣活泼。他学力宏瞻、厚积薄发，近年来还"发明"了随笔式的灯谜评论小品，不妨叫作"微型谜论"，洋溢着真知灼见，展示出聪敏睿智。多年来，他勤于笔耕，含英咀华，缀编成集，内容之丰富，文字之精湛，洋洋洒洒，蔚为壮观。

蔡秋湖（厦门市职工谜协理事、同安谜协原副会长）

读友金的灯谜集，珠玑满目，珍玉成串，他的字谜作品，俗则众人可解，雅则瑰丽生趣。他谙熟古文与诗词联赋，对汉字认识深刻，功底深厚，掌握精到，运用纯熟，笔动时篇篇锦绣，墨走时字字珠玑。

人物名片：

许友金：一九四六年十月出生于同安，毕业于北京师范大学中文系，全国知名谜家，同安第九届政协委员，厦门市中学语文学科带头人。曾任福建省职工谜协理事，厦门市职工谜协副会长。二〇一八年六月，许友金受聘为第五届中华灯谜文化节艺术顾问。一九八七年以来开始在全国交流谜作，发表谜作两万多条，谜文三十多万字，编著谜书十八本。多次担任全国谜赛评委，参加全国性谜会，获奖三百多次，其中获二〇一七年中华灯谜新作文虎奖（中华灯谜学术委员会年度个人灯谜最高奖）。

许梗汉：
史海钩沉，同安闲不住的"野鹤"
——福建省文物普查员、同安区政协优秀文史撰写员

  单人独骑跋山涉水,蛇行于羊肠小道,穿行在荒郊野岭。他的皮鞋,磨穿了一双又一双,他的电动车,跑坏了一辆又一辆,一个人一辆车,走了一年又一年。说起许梗汉(笔名耿瀚)的毅力和行动,同安文史界肃然起敬,他虽已年过七旬,却奔走不歇,十六年来,以电动车代步和徒步丈量,访遍同安乡野山间,协查登录同安文物点五百零三处,他是同安文化的行路人、同安历史文脉的守护者,这些年,他"采访于闾里巷陌之间,发微于山隈城隅之中,跋涉于高山峻岭之巅,探幽于荆棘丛生之处"。

  "这些承载先民智慧的文化遗存,如果不及时整理记录,历史的东西就会湮没",许梗汉虽自嘲是"闲云野鹤",却始终心怀使命,着意史海钩沉。为保护同安文化遗存,哪里有需要,他就"飞"往哪里,从来不知疲倦。

一

  二〇一八年四月底,未闻夏蝉蝉声,许梗汉已是每天一身汗,他又接新任务了,应汀溪镇之邀,协助开展非物质文化遗产普查暨民间文学、海洋文化专题调查。他始终在路上奔走,到田野访查,在斗室里挑灯夜战。经常接个电话,他就从家里的床上蹦起来,骑着电动车立马出发。

  每次出门,许梗汉的一身行头令人印象深刻。电动车的篮子里,总有两瓶矿泉水,肩上黑色挎包,总别着一块汗巾,挎包不大,里面的东西却很全——相机、卷尺、指南针、采访本,普查文物所需物品,一样都不少,电动车一踩就出门了,风雨无阻。

  早在二〇〇七年十月,全国第三次文物普查期间,许梗汉受聘为省文物普查员,接受了近一个月的专业培训回来,隔天他就收拾行装,进行同安全区的文物摸底。为了普查那些散落在同安乡间山野的文化遗存,许梗汉也记不清走了多少路。不过,一年三百六十五天,两百五十天以上他在外面跑,电动车每天行走平均三十公里以上,平均三年跑坏一辆电动车,在跑坏三辆车以后,他索性把电动自行车换成更耐跑的大功率助力车。

  许梗汉有个习惯,买鞋同时买两双,穿行于同安的荒山野岭,常常在山里摸

爬滚打,他的鞋子脚趾头位置总是先被磨穿了洞。有一回,去汀溪御史岭普查一处炮楼,那里的荒草长了一人多高,根本无路可走,"没有路了,也要继续往前走,明知道文物点就在荒草深处"。许梗汉很坚定,草间有一条排水沟,他最后是钻进排水沟,匍匐身体进去找到文物的。

普查的文物多散落于乡野,人迹罕至,"都是些没有人烟的地方,四周空荡荡的山,只有你一个人"。许梗汉笑着说,遇见的蛇比见到的人还多。经常在山里走,他学会和蛇打交道,比如,古墓葬、山洞等遗址,蛇喜欢钻进去纳凉,"蛇通常见人就会开溜,于是我忙我的,蛇跑蛇路,我们互不干扰"。有一次,进汀溪镇杉际内普查古桥,好心的当地人提醒他:"你千万不要进去啊,等过了寒露再进山,不然的话,蛇都吊在树梢上,动不动咬你一口。"他无所畏惧。

山里的危险不仅是蛇,摔伤撞伤也是家常便饭。有一次去莲花镇澳溪村普查摩崖石刻,一不留神他从石头上滑落,跌进一个茅草堆,他起初庆幸只是皮外伤,很快察觉到不对劲,茅草堆内留有不少啃剩的新鲜竹子,原来,掉进的这个茅草堆竟是野猪窝。

在全国第三次文物普查进行的一年半时间里,许梗汉用双脚丈量同安大地,先后登录同安区五百零三处文物点,参与编撰《同安文物大观》一书,他说:"古今多少文明事,尽在山川原野中。我的劳动,算是对故土的哺育之恩,有一个交代。"

二

许梗汉很勤奋,尽管身体不好,可是他的一线走访普查却很扎实,透过他的字里行间,让人更深刻地了解同安,看见一位文化人对同安这片土地的炽热之爱。

十六年来,许梗汉挖掘、保护同安历史文化遗存的执着认真令人感动。他却开玩笑说,入行最初是"被诱惑"的。细问之下,揭开了"诱惑"的真相,二〇〇三年他被聘为同安区政协文史撰写员,"从那时起,勾起了我对地方史的兴趣,而且有增无减,乐此不疲"。他一头扎进同安浩瀚的地方史中,就像蜜蜂采蜜一样,始终扇动着翅膀,从来未停止追逐新的花朵。

许梗汉单人独骑跋山涉水寻访文物

"我家人老说我,像一只野鹤一样,整天四处飞",许梗汉自嘲是"闲云野鹤"。他先后出版两本文史专著,命名《闲云集》和《野鹤集》。事实上,许梗汉确实是闲不住的"野鹤",为了守护好同安的文化遗存,四处奔走,始终饱含深情,带着强烈的使命感,"同安先民留下来的智慧结晶,需要好好保护,有生之年,还有很多的历史信息,等待着我们去破解"。

几年前,许梗汉下乡到新民镇禾山社区,访查到一座明代石佛塔,塔上榕树、灌木肆意生长,古塔几乎被"绞杀"。见此情景,他忧心忡忡,经他考证,古塔为明代魁星塔,与当地文脉息息相关。他找到老人协会,告知情况,在他的长期跟踪下,两年后村民自发集资约十五万元重修魁星塔,古塔得到妥善保护。又一回,许梗汉看到旧志记载:莲花山有朱熹石刻《留心湖》,但一直未发现踪迹。莲花山离同安城里来回几十公里山路,"我在古文献记载的位置附近,转了六个下午,虽未能找到朱熹墨宝,却有了另外的收获,发现了一座明代石塔、一残塔基、两处摩崖石刻",他自豪地说。

许梗汉自嘲在"斗室"中整理记录同安文化

　　大量的野外普查，不仅消耗体力，也消耗脑力，一忙起来，许梗汉全然忘记自己已经是七十二岁的老人。事实上，他有一个秘密不曾公开。二〇一〇年，他就被诊断出癌症，那时，全国第三次文物普查刚结束，他没当一回事。被家人送进医院化疗，他把县志等一批工具书一起带进病房，他的第二本文史专著《野鹤集》就是在病榻上完成的。"能挺过去就挺过去，万一挺不过去的话，这本《野鹤集》就权当作遗嘱吧。"

　　即便是在住院的四个月里，许梗汉也闲不住，他把电动车开到医院停车棚，医生查完房离开，他紧随其后，跟着离开医院到处跑。有时是村里老人协会的求助电话，很多时候他开着电动车主动出击寻古，就像一个嗅觉敏锐的猎人，四处搜寻猎物，每发现一处古迹，许梗汉都十分兴奋。

　　许梗汉说，自从迷上地方史，他的人生迎来转折，生活很充实。"我是'半路出家'，做地方文史工作，没有勤奋和积累是不行的。"尽管在文史领域颇有造诣，许梗汉仍常常督促自己不要放松学习，要下笨功夫。他说："这些年吃苦是

比较多,不过心里很快乐,日子很充实,关注同安文物,现在的我还在走这条路,继续探索发现,很多人鼓励我。"

钟情于同安历史文化,许梗汉不断奔走,常常回访文物点,担心遭人破坏,遇到项目开发建设,经常到现场跟踪,时常走乡串户,获取古迹线索,"历史文物无法复制,缺乏历史的城市是苍白的,保护好历史文物,也就保住了历史文脉"。

他说,故土同安蕴藏着深厚的文化底蕴,在当前城市化进程加速的情况下,这些凝聚着先民智慧结晶的文化遗存,可能在不经意间被毁于一旦,故多方探访、采集,查阅文献,勉力整理。

知人之鉴

陈金城(厦门地方史志专家)

与许梗汉相识于二〇〇〇年,文笔甚有墨香,可知其为长期阅读、写作之积累。其执着、敬业的精神,直令我这个科班出身的历史工作者汗颜。他脚勤、手勤、口勤,走遍了同安的山山水水,深入穷乡僻壤,收集了大量古迹、古宗祠、古文物照片、文字和访查资料,认真鉴定、梳理,写出了不少精品。他勤研方志,善于钩沉寻缺,把不少遗失的千年古建,如泗州院、报恩寺,一一介绍出来。一些文献失载的文物,如"洗墨池碑""报恩寺四方佛石刻",也在普查中被他发现拍照入档。他真实地记录了古同安文明的点点滴滴,包含着对乡梓的无限深情。文为心声,其志、其情可励、可钦也。

郑东(厦门市博物馆考古部主任、研究员)

许梗汉热爱文物工作,勤勉敬业,对文物保护的热情和对地方史的钻研精神令人感佩,在文物普查中承担了大量事前实地摸排工作,他的执着和细心,为同安全区文物普查做了很好的铺垫。他长于寻访调查,致力案头研究,热心呼吁文物保护,文章既博采民风民俗、典故传说,又能引经据典、爬梳考据,文风严谨畅达、雅俗共赏,填补了不少同安地方志研究的空白。

人物名片：

许梗汉：笔名耿瀚，一九四七年生于同安，闽南第一座民建大桥——同安西安桥建造者许西安二十七代孙。省文物普查员、同安区政协优秀文史撰写员。一九六四年上山下乡，一九八〇年搭乘老知青返城的末班车，在商业系统工作，二〇〇七年退休。他的不少文物普查成果散见于《厦门晚报》《海西晨报》《厦门文艺》《同安文史资料》等，通过他的文字，尽量还原这些文化遗存的本来面目。

何金挺：
徒手行艺，勾勒大美同安
—— 厦门著名画家、同安速写第一人

每到一地，他总想带点东西回来，不是特产，却远比特产珍贵。速写，是画家何金挺钟爱的艺术，走到哪里，就画到哪里，但凡出门，纸笔总不离身，这个习惯坚持了数十年，大家都说，艺术贵在坚持。

不借助电脑，不用相机，所有创作，走的是天然路线，何金挺的成千上万张国画、设计稿、速写，都是一笔一画绘制而成。坚持"徒手行艺"，何金挺几十年来这样表示对艺术的敬意。

日积月累，集腋成裘，何金挺的艺术人生，充实而多彩。他用有情之笔画出大美同安，他的一张张速写朴实无华，记录着同安的时代变迁，还原了一个个鲜活的人和物。

一

何金挺，土生土长的同安画家，他因陋就简，出门总是带上一根笔，一本用来画速写的小本子，走到哪里就画到哪里。他欣喜地说，在接孙子放学的短暂等待时间里，他随手作画，又画了厚厚两本速写本。本子里，雨中的小学校门，骑三轮车接孩子的家长，撑伞焦急等候的爷爷奶奶，虽仅寥寥几笔，却生动传神。

何金挺对绘画的喜爱，要从十四岁说起，那一年，他的美术作品第一次获奖，一张一九六三年同安县人委会文教科颁发的奖状保存至今，"就是这张已经发黄的奖状，给了我莫大的鼓励，从此，我爱上绘画艺术"。

何金挺自小喜欢画画，幼年时在田野里拾稻穗，抓青蛙，追蜻蜓，到溪里摸鱼，在山间放牛，故乡同安的山水美景，给了他无尽的创作素材和灵感。"我是同安人，生于斯长于斯，我把对故乡的感情，倾注到每一幅作品里。"

大学时的何金挺如鱼得水，绘画专业技能不断精进。他的毕业作品是一幅油画，名为"红旗跃过汀江"，曾入选福建省文化厅、福州军区文化部联合举办的纪念建军五十周年大型画展，这幅画作被刊登在《福建教育》的封面上，作品以一九二九年毛泽东率领红四军挺进闽西为题材，表现了毛泽东、朱德、陈毅的大将风度，展示红军战士和老区人民对共产党领导下的革命战争必胜的信心。

何金挺勤于创作，诠释对艺术的坚守

　　为创作此画，何金挺实地考察红军过汀江的水口遗址，走访老红军，翻阅大量史料，对人物刻画、服饰风格、时代背景……他尽可能一一还原，数易画稿，创作近四个月方成，一展出，受到福建美术界的高度评价：主题提炼鲜明，人物造型准确，景物处理娴熟。专家们表示，如此大题材、大场面、大制作，出自学生之手，令人惊叹。

　　大学毕业的何金挺回乡当上了美术老师，时常在乡下画村景，画乡俗，因美术功底扎实，他一度被借调到展览馆搞展览，因此得到磨炼，也为此后他长达四十年的美术教学生涯打下坚实基础，如今同安相当部分美术老师是何金挺的学生。

　　"同安人画同安，每到一个地方，别人拿出相机拍照，我掏出纸笔现场速写，用凝练的笔划来概括场景，等回家后再组织画面"，这是几十年来，何金挺坚持的创作习惯。这些年，他走遍同安的山野乡间，画速写，快则三五分钟，慢则

103

何金挺作品《同安双溪口》

二十多分钟,哪怕经常被人围观,他也旁若无人。速写画完以后,何金挺经常掏出一个苹果来啃,边吃苹果边欣赏刚画好的画,那种愉悦之情不可言状。

几十年来,笔不离身,小到晒谷场上的鼓风机,大到布达拉宫全景,他创作了上万幅速写,从同安画到全国各地。二〇一三年,作为同安画家代表,何金挺带着十多幅山水画赴台北,参加第九届世界同安联谊大会,带去的画作展现同安本土风景名胜和新旧美景,海外华侨欣赏他的画作,如见故土,仿佛打开儿时美好的乡土画卷。

二

《同安文史资料》是厦门极具地方文化特色的书籍,每年都有不同主题的专

辑出版,也常漂洋过海,到达世界各地同安人聚集的地方,这本凝聚着乡音、乡情、乡愁的书籍,是来自故乡同安的"家书"。

从一九八二年至今,除了第一期外,三十七年来出版的三十多本《同安文史资料》,以及《同安馆藏石雕》《同安古民居》文史资料精选本十二本专辑,封面全部出自何金挺之手,他长期担任《同安文史资料》封面主创。这些匠心独运的封面设计,画出同安的自然美景和人文风貌,这本极具同安特色的《同安文史资料》从全国地方文史丛书中脱颖而出,成为全国几十家大图书馆的馆藏文献。不仅如此,《第二届世界同安联谊大会特辑》《银城烽火》《同安党史》等上百本公开出版的书籍,封面也是何金挺一笔一划设计出来,他堪称"同安封面设计专业户"。

何金挺还擅长"跨界",他是厦门集邮界有名的邮品设计者,涉足邮品、封、戳、片、折设计,以摄影、国画、水粉画、装饰画等多形式艺术地表现同安文化内涵,记录同安发展的脉络。他设计了一九九三年"同安县实现电话程控化,传输数字化"纪念封,记录下同安经济发展和信息交流的这个大事件。

二〇〇一年八月十一日,约两百名三峡库区移民入住厦门凤南农场后坂、新塘移民新村,八月八日下午,何金挺突然接到设计《三峡移民第一封》的任务,他立即赶到移民新村写生,当晚通宵设计纪念封和纪念戳,次日便拿出设计稿送审,到印刷厂监制,赶在八月十一日移民入住时正式发行。何金挺介绍,《三峡移民第一封》以凤南农场后坂、新塘移民新村景观为前景,背景为长江三峡景色,配上"长江三峡截流"邮票,盖上"福建厦门凤南"邮政日戳,纪念戳则以厦门鼓浪屿、三峡为主图,配以代表友谊的桥梁图案,特别有纪念意义。

二〇〇二年,国家邮政局发行《中国古代科学家》纪念邮票,其中有一枚以同安名人"苏颂"为主人公,作为苏颂故里,厦门邮局决定开发系列邮品,由何金挺负责设计。查阅史料,走访遗迹,他设计国画、摄影明信片各一套(共十枚),极限片、纪念封各一枚,纪念戳、宣传戳各八枚,这是同安有史以来制作集邮品最多的一次。

何金挺先后设计纪念封五十多枚,这些与同安息息相关的设计和作品,可以

窥见同安几十年来的重大活动,生动反映了城市文化的发展,经济建设和历史风貌等的变化。

三

近年来环东海域新城建设,成为厦门新的增长极之一,厦门城市建设的主战场、经济发展的主引擎、岛外功能提升的主区域。在环东海域新城,有一处十分显眼的地标——陈化成巨型雕像,这座矗立于丙洲岛东部的巨型雕像落成于二〇一二年,高十七点五六米,宽九米多,整体重约一千吨,比郑成功雕像还高(郑成功雕像只有十五点七米),成为当之无愧的新城文化地标。

地标的设立,与何金挺有紧密关系。几年前,何金挺的提案《关于在丙洲建立民族英雄陈化成塑像的建议》,引起同安区委区政府的重视。二〇一〇年,投资一百万元的陈化成纪念馆在同安建成,二〇一二年,丙洲岛东部矗立起陈化成巨型雕像。提案的由来,源自何金挺的采风经历,"一到福州,就有林则徐雕像,一到马尾,就有严复雕像,陈化成不仅是爱国主义教育的生动教材,对禁毒宣传和提高同安旅游文化品位,也有重要意义"。他认为,陈化成是同安人,也是进入历史教科书中为数不多的伟大人物,他应该被这座城市所铭记。

二十多年来,何金挺担任过同安政协委员、文史编撰员,关注、专注同安历史文化资源的保护与传承。几年前,当他漫步同安老街写生时,看到古街骑楼岌岌可危,杂草疯长、线缆乱搭、环境杂乱……眼前的一幕幕令他痛心疾首,"建筑是凝固的史诗,千年同安的底蕴如何呈现,显然,保护同安古街迫在眉睫"。于是,何金挺专门写了提案,呼吁对同安古街进行改造。二〇一一年,同安同新路、松柏林街和大横街改造项目破土开工,投资约两千五百万元,古街改造修旧如旧,呈现"古韵今风""青石漫步""枕石听雨"主题,有着数百年历史的同安古街迎来新的生机。

> 知人之鉴

王新伦（厦门市美术家协会原主席）

在同安，何金挺老师一直是个"人物"。他是当代同安美术界的领军人物之一，美术成就有目共睹；同安近几十年来的书籍画册、纪念信封邮票及重要标志的设计，大多出自何金挺之手；何金挺对"人"和"物"最为钟情，这些既是创作的丰富素材，又是记录时代变迁的珍贵资料。

庄南燕（著名美术家）

金挺兄还是一样的当年学生本色画速写，从二十世纪七十年代到今天，从家乡同安的瓦房小巷到北京的天坛故宫，一路走一路画，越画越精彩。我以为，他近年的旅行速写最是有味，山石林木更是得心应手。在电脑时代，"徒手行艺"总让人觉得是"古早人"的行当，但画家探索、理解、表现对象的基本结构、变化规律非亲自用眼、用手不能达到。艺术毕竟不是科学可以取代的情感行为，现代电脑怎样智能也画不出一张比画家有趣味的速写来。

人物名片：

何金挺：一九四九年十二月出生于同安，毕业于福建师大艺术系，美术高级教师，创作了大量以同安为题材的美术作品，在全国及省市报刊发表美术作品上百件，曾在厦门举办个人速写画展、国画、小品展、国画联展四次，代表作品《何金挺速写集》《何金挺人物速写》等。

林银花：
留住乡音，重拾同安老手艺
—— "中国好人榜"助人为乐好人、同安腔老年发音人

那捣衣之声不绝于耳的东桥,那朱紫门外、铜鱼池畔的南门桥,那"衔远山,吞海潮,枕清流,跨玉带"的西安桥,都是林银花记忆中的"银城旧事",也是她"故乡的桥"。从孩提时代开始,现在年过六旬,林银花一辈子未离开过同安,一口正港的同安腔。

走起路来带风,做起事来带劲,林银花对生活充满激情,对文化倾注热爱。十多年来,她把同安中老年文艺骨干带到各级各类舞台上,也把文明的种子播撒在同安城乡。她以留住久远的同安腔为使命,成为同安腔的代表发音人,历时两年,为同安民间文化艺术建档,守住同安老手艺。

一

"我本以为,退休关上职业的大门,没想到,退休后又打开另一扇窗。"二〇〇一年,林银花从同安区文化馆退休,退休前从事音乐舞蹈工作,退休后她发觉,同安不少中老年人喜欢跳舞,有一天,一位女队员一脸沮丧地告诉她:"老师,我们每次去厦门岛内演出,演完以后,都不敢抬头看观众,水平确实是上不了台面。"林银花深受触动,她暗下决心拉起一支队伍,争取有一天把同安中老年文艺队伍带出同安。

二〇〇五年,由退休职工文化志愿者组成的同安金秋艺术团应运而生,为快速提高艺术团成员水平,林银花精心编排舞蹈,用适合中老年体质的形体训练法,博取各民族舞蹈长处,训练循序渐进从简单小组合到一般歌舞,再到有情节内涵的作品,多年来,无论盛夏寒冬,艺术团坚持每星期四个上午的排练,有任务时还加班加点,队员们勤学苦练,互勉互励,队伍不断壮大的同时,还在专业方面取得进步。同安金秋艺术团的情景山歌、古典舞、民间舞等屡屡获奖:在厦门市庆祝新中国成立六十周年老年文艺调演中,情景山歌《莲花褒歌》获金奖;在厦门市第八届老年文艺调演中,古典舞《枫叶绿 枫叶红》获金奖;古典舞《花月夜渡春江》参加华东地区"夕阳秀"会演,获牡丹奖。在获奖节目的编排中,林银花倾注了对闽南文化的热爱,对同安本土的莲花褒歌、拍胸舞、车鼓弄、闽南童谣等进行创作再提高,将同安文化的精髓搬上群众的舞台,甚至带入深圳大学的

林银花在金秋艺术团排练

国际会议厅。

几年锤炼,金秋艺术团成为有影响力又能独撑一台演出的团队,成为肩负同安区各单位政策宣传任务的主要队伍,是同安文化下乡、文明宣传的主力军。作为文化志愿服务队,金秋艺术团经常和同安区委宣传部、区委文明办、区政法委等部门下社区,进农村,去部队,走监狱,奔海岛,开展慰问演出,宣传法律法规。尤其结合"和谐社区(村)温馨行","文明大篷车进社区","文明乡约"垃圾分类宣传等,下乡送文明,为群众送去精神食粮。几年来,金秋艺术团公益演出累计五百多场次,被同安区政法委、司法局授予"法制宣传队"称号,在舞台表演中传播文明,传递文化,二〇一八年被评为厦门市"先进文明团队",林银花因组建艺术团参与文明创建,入选二〇一四年度"中国好人榜"助人为乐好人。

二

古同安的民间文化艺术是闽南民间文化艺术的代表。从二〇一三年十月开始

到二〇一五年十一月,林银花等人利用晚上和文艺排练间隙,普查了解同安的民间文化艺术,了解了许多民间文艺样式,其中包括动态民间民俗文化活动,比如厦金宋江阵、五祖拳、拍胸舞、车鼓弄、南音、答嘴鼓、莲花褒歌,也包括一大批静态民间手工艺术,如漆线雕、漆画、木雕、彩扎、元宵纸糊灯、面塑、民间绘画、头饰春花、草编、杆编手艺。这些散落在民间的非物质文化遗产琳琅满目,与文化遗产一样,它们是同安文化的根,是同安文化的魂。加以保护传承,摸清"家底"十分关键。

"古老的手艺,总有一天会用到,这些民间文化世代相传,凝聚先民的智慧,记录沧海桑田,这些民间手艺快消失了,不及时搜集就没机会了。"林银花说,同安宋江阵、车鼓弄等民俗已经得到有效保护,捏面人、彩扎、做春花、打草鞋、做灯笼、木刻却面临失传的危机。

普查中,林银花了解到彩扎项目即将断档,八十多岁的彩扎老艺人"土坪"感慨:"这些手艺我愿意教,可是就没有人跟我学,倒是金门的年轻人会搭船来找我。"捏面这门手艺,同安只剩三位师傅,一位改做不锈钢窗罩,一位当了公司保安,一位是退休教师。传统、细腻、漂亮的民俗头饰春花制作工艺源自同安,会制作的阿婆年事已高,她们不再从事这项手艺,后继乏人。草编打草鞋、做木屐、纸糊元宵灯也已销声匿迹。

日渐淡漠的手艺鲜为人知,要找人,往往是一个介绍一个,沿着线索一直找下去,才能找到老艺人。"我们就像串珍珠一样,找到一个个乡村小巷里的老艺人,老艺人的危机感让人感动,他们说,再没有人学,这手艺就绝了。"普查的同时,林银花一直被感动着。她不仅仅是普查,还为手艺传承奔走。会做春花的蔡蓉阿婆近九十岁了,做的春花既传统又美观,没有传承人,林银花就动员老年大学手艺班的王淑惠去学,学成以后在老年大学开课。家住莲花小坪村的洪国,编草鞋技艺传四代,随着时代发展,草鞋渐渐退出人们的脚下。林银花就动员洪国重操手艺,对草鞋进行改造,做成小巧的挂饰工艺品,延续"草鞋挂壁,庇护全家"的风俗。

普查长达两年,林银花和伙伴们基本摸清同安民间文化艺术的家底,尤其

民间手工艺术。二〇一五年十一月，同安区举办首届民间传统手工艺品展，展出珠光青瓷、锡雕、壁画、扎春花、捏面人等十八种手艺，共三百余件民间传统手工艺品。如今，林银花还在积极推动，呼吁更多年轻人来传承老手艺。此外，从二〇一五年至今，林银花还参与抢救同安濒临消失的"荷叶说唱""大广弦说唱"，保护闽南民间一度消失的"跳鼓"，参与莲花褒歌的二度创作等。她还投身同安民间文学、海洋文化的调查与整理。

林银花建议，代表同安文化底蕴的传统民间艺术不能束之高阁，一定要传承要运营，就像到了丽江就必须去听当地的古乐一样，到了同安就要看宋江阵、车鼓弄，政府应搭建平台，把同安代表性的民间文化艺术整合起来，提高同安旅游的层次和文化含量。

三

方言里大有学问，是代代相传的口头文化。二〇一五年一月下旬，经审核、初试、复试等环节选拔和严格审核，林银花等七人正式成为同安方言发音人，他们开始在同安电视台录音、录像，此举意味着中国语言资源有声数据库建设同安调查点的工作进入最后的有声数据采集整理保存阶段。同安区是中国语言有声数据库福建库建设的七十九个调查点之一，厦门地区仅有同安区和思明区两个调查点。

在同安电视台播音室，林银花坐在话筒前，声情并茂地用方言讲述故事《牛郎织女》，这是发音人进行有声数据采集的"规定动作"。对发音人而言，还得有"自选动作"，林银花讲述了她专门准备的《送顺风》和《脱草鞋》这两个具有地方特色的故事。"送顺风"民俗，即古时为漂洋过海去南洋谋生的人临行时所做的准备。"脱草鞋"则是到南洋谋生的华侨，回乡探亲时，家乡人要为其做的礼数。

留住久远的乡音，记录正港的同安腔。林银花是同安腔发音人中老年女性发音人的代表。二〇一八年，她还完成闽南童谣、民间谚语的发音和记录保存工作。"抢救和保护同安方言，我责无旁贷"，林银花长期从事文艺工作，她说，方言和

民间民俗一样，失传将十分可惜，现在能做的就是记录并传承它们。中国著名汉语方言学家、厦门大学博士生导师、教授李如龙表示："方言是一种资源，不能丢，要把方言原生态地说出来，记录和保存下来。"他对同安发音人寄予厚望，让他们更清楚地认识到保护方言的责任和使命。

林银花创新同安民俗节目

业余时间，林银花喜欢写散文、诗歌，透过文字，还原老同安的景象，重温老同安人的记忆。"想起童年，脑海里总会呈现银城旧事的点点滴滴，童年的溪流、伙伴、学校；童年的红砖大厝、闽南院落；城北、城西郊外的村舍、龙骨水车；北门外护城河边整群的萤火虫……"林银花笔下的《银城旧事之——心中的溪流》描摹了早年古银城逝去的光景和美得让人心醉的童年时光。

她创作发表的《心中的溪流》《山的印象》《老街不长 小巷悠悠》等银城旧事系列文章，字里行间，以小见大，直抵内心，"希望能从文字上，让大家找到旧同安的样子"。

> **知人之鉴**
>
> 范世高（文化学者、作家，现任同安区文化和旅游局副局长）

"块块荒田水和泥，深耕细作走东西。老牛亦解韶光贵，不待扬鞭自奋蹄"，"中国好人"林银花是充满激情的文化守护者，退休，对曾在文化馆工作的她来说，不是文化职业的结束，而是文化征程的新起点：她为"正港同安腔"发音，引领同安金秋艺术团灿烂绽放；她扎根民间辛勤耕耘，串起非物质文化遗产的一颗颗"珍珠"；她用热忱的文字讴歌，为文化鼓与呼，她让时光不老、韶华芬芳！"但得夕阳无限好，何须惆怅近黄昏"，这样的"中国好人"，叫人喜欢，让人景仰！我相信，多几个这样的"中国好人"，同安一定大不同，厦门一定大不同！

人物名片：

　　林银花：一九五〇年十一月出生于同安，"中国好人榜"好人、同安腔老年发音人（女性）、同安金秋艺术团团长。近几年来，金秋艺术团的情景山歌、古典舞、民间舞等多次获市级金奖，多次前往台湾开展文化交流。她热爱写作，散文诗《大海·我的大海》获厦门国际海洋周征文一等奖，诗歌《茶园里的歌》获厦门首届农民艺术节征文银奖等。

袁和平：
苦心孤诣，推动三项目入省遗
—— 厦门作曲家、同安区文化馆原馆长

袁和平名气很大,很多人知道是香港著名电影武打指导、导演。同安区文化馆原馆长袁和平,为人很低调,他的工作却很高调,车鼓弄、莲花褒歌、宋江阵,这三大群众性的非遗项目,同一年入选省级非物质文化遗产名录,这是厦门文化界的一件大事。

"同安人真够猛,脚手蹑捷目珠金,出手呼乓拳头硬,使起飞踢像蛟龙"。袁和平创作了风靡一时的民间歌曲《同安人真够猛》,他就是典型的同安人,能文能武,当过中医,做过乐手,兼职武打演员,对同安民间音乐有着深入研究。

一

"拍胸舞"亦称"打草花",在福建南部沿海的泉州、晋江、南安、同安一带非常普及,很受欢迎,可谓家喻户晓。"车鼓舞"又名"车鼓弄",在泉州、漳州、同安等地流传广泛,在闽南,每逢婚丧喜庆,群众载歌载舞、通宵达旦,谓之"歌堂",节日庆典、迎神赛会,文艺队伍上街,谓之"踩街",车鼓弄是"歌堂"和"踩街"必不可少的节目。

一九八二年,袁和平刚到同安县文化馆工作,就参与《中国民族民间舞蹈集成》(福建卷)的编写,对拍胸舞、车鼓弄、宋江阵开展普查。他下乡寻访老艺人,尤金满老师是车鼓舞的高手,他和尤金满吃住在一起,搜集普查民间舞蹈,由于地域不同,师承各异,车鼓舞形成不同特色和名称,表演形式也出现山区和沿海的差异。他认识到,民俗文化艺术不是一成不变的,无形当中会吸收具时代感的表现形式,表演者的精神状态,服装的改进,舞台的表现形式,都不可避免带有时代印记。

同安山区的莲花褒歌一度断层几十年,从事文化工作的袁和平得知,当地村民洪参议苦心孤诣希望恢复失传的山歌。袁和平大受感动,在莲花褒歌表演集中的小坪村一住就是一周,专门普查山歌的群众团体传承情况,整理出莲花褒歌七首旋律悠长的原始曲调,"了解原始曲调、历史渊源、民风民俗,知道莲花褒歌从哪里来,到哪里去,第一手的资料,也为今后的创作与提升打下基础"。为了让莲花褒歌在茶园重新唱响,他组织筹办褒歌赛,指导山歌选手们的咬字、唱腔、

舞台表演等，如今，不仅山歌唱响大山，褒歌赛还一届比一届红火。

二〇〇七年，在袁和平推动下，莲花褒歌、车鼓弄、厦金宋江阵同时进入省级非物质文化遗产名录，这对同安文化遗产的传承与保护有非凡的意义。

二

袁和平与宋江阵也有着不解之缘，他自小习武，与武结缘，对宋江阵颇有见解。二十世纪八十年代初，习武多年的袁和平下乡，留意到了本土的宋江阵，武舞结合的演绎方式，深受群众喜爱，宋江阵演练前，先举行虔诚的开馆民俗仪式。一查，其与明代的军旅步战形式很相似，考证后确认与明代抗倭斗争和郑成功反清复明活动有深刻渊源。

同安是宋江阵的主要发源地，同安仅存几支宋江阵，偶有演练，但较为沉寂，为了恢复宋江阵并促进其发展，袁和平四处奔波，与宋江阵主要传人江锯、江开良等相互探讨，发掘史料，根据历史记载和宋江阵老师傅们的口述传承，对各支

袁和平带领徒弟在苏颂水运仪象台广场开展训练

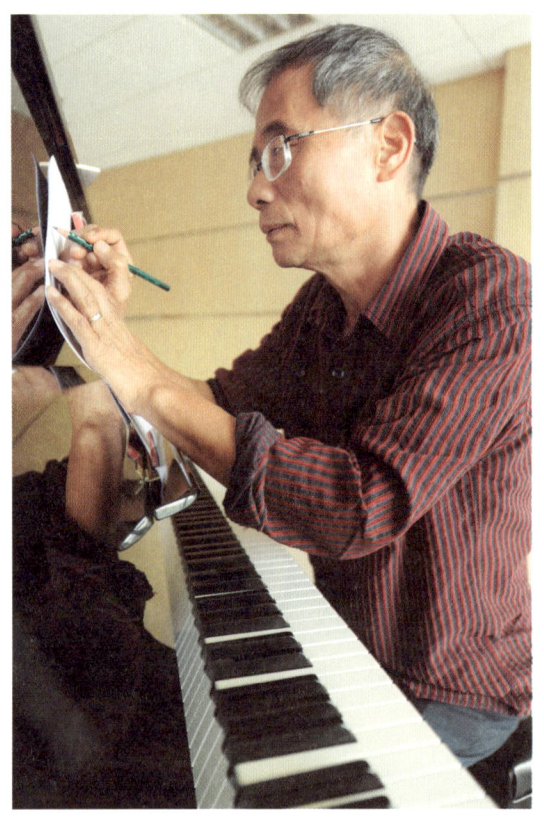

袁和平对本土民间音乐颇有研究

队伍进行指导。

二〇〇四年,袁和平带领同安文艺团队前往金门演出交流,适逢金门县烈屿乡村人在操演宋江阵,他发现其风格与厦门(同安)宋江阵非常相似,且当地老师傅都说,金门宋江阵是大陆师傅过去传授的。交流后不久,应金门方面的邀请,他代表同安武术协会率领宋江阵教练组到金门县烈屿乡,于二〇〇五到二〇〇六年为金门县烈屿乡西口小学教习宋江阵,厦门同安宋江阵得以香飘金门。在同安本土,袁和平熟稔宋江阵,既走下去村里教,也把年轻人请上来到文化馆现场教授。一度危急的同安宋江阵,队伍很快就组织起来,在同安造水、郭山、西湖、淡溪等地轰轰烈烈地恢复了。

"传统,'传'就是要恢复流传,'统'就是要整合提高。"他认为,同安非遗传承要探索新路径,"这些传承非遗的民间团队,不能单靠输血,还要拥有自身的造血功能"。袁和平说,不仅要恢复传承非遗项目,还鼓励支持甚至帮助民间团队介绍商演机会,"两条腿走路,非遗项目才能活下去"。

如今,袁和平还活跃在同安"非遗"传承第一线。比如连续三年在洪塘镇郭山村教授宋江阵,他说,宋江阵的"阵"是关键,阵势的编排非常重要,能起到画龙点睛的作用,对打和个人表演,侧重的是武术基本功,才能在传统味道的基础上不断创新。

三

一九八四年,袁和平到省艺术学校作曲科学习一年,专门研究民间民族音乐调式。袁和平研究的本土民间音乐土而不俗,一九九六年,在第一届世界同安联谊大会上,他重新编曲的《故乡的童谣》唱哭老华侨,舞台上,《月娘月光光》《天黑黑》《等新娘》等童谣串烧轮番登场,正在台下放录音的袁和平看到坐在前排的老华侨眼含泪光,老华侨说"听着熟悉的歌,我仿佛回到了童年时光",那一刻,他觉得所有的辛苦都值了。

"草笠戴欹欹,竹篙争一枝,土番菜鸭排归队,乖乖听我来指挥",这是袁和平作曲的民间音乐《放鸭哥仔》,一九九二年获福建省农村题材音乐作品演唱和创作的金奖,歌曲还入选厦门改革开放三十首歌名录。这首歌反映了改革开放初期的生活场景,在同安浔江之上,一个小伙驾着轻舟放鸭,改革开放的春风吹拂,唱响劳动的欢乐和丰收的喜悦,再现了养鸭人勤劳致富的生动画面。

袁和平对民间音乐调式有着深入研究,他说,民间音乐与民俗文化相通,平时他下乡就注重记录整理民间音乐。有一次去汀溪镇前格村,偶然间听到村里车鼓弄老艺人的吟唱,他赶忙录下来并制作成CD,"高山和平原地区的曲调大不一样,你有一种内心被抓住的温柔的感觉。"他说,随着老艺人的离去,这些宝贵的民间音乐已成绝响。多年前,随着厦门坂东海域的开发建设,他还创作了一首脍炙人口的歌曲《同安人真够猛》,歌曲唱遍同安大街小巷,袁和平是词曲作者,歌曲反映同安人与命运抗争,团结进取的精神,歌颂建设家乡的美好前景,唱出同安人的精气神。

四

从事地方文化工作三十五年,袁和平殚精竭虑。到同安文化馆工作前,袁和平是原同安歌仔戏团的乐手兼武打演员。他在剧团当过武打演员,这让他有机会接触民俗文化。那时候,他专门饰演反角,比如匪兵、日本兵,表演逼真到位。有一次到部队演出,他演匪兵,结果,男主角一棍劈头打来,他从台上跌下一米多深的台下,台下一片惊呼,部队军医闻讯赶来,看他是否受伤了,袁和平抖抖

身上的泥土，一骨碌爬起来，原来他练过硬气功，跌落时安然无恙。

此前，他还当过六七年的中医伤科医生。有一次，北辰山一带农场有位女知青发烧至三十九点五度，持续高烧让她一直昏睡，为了照顾女知青，他通宵在知青宿舍守护病人，直到对方高烧退去。另一回，本地一位演员的母亲病危被当地医院告知回家准备后事，没想到，袁和平开了几副中药，服药后病人奇迹般好转起来。

"剧团武打演员也好，中医也罢，这些民间技艺都是相通的，也为我后来从事地方文化工作打下基础。"袁和平说，放眼同安的民俗文化，还需要做得更精更深更细，需要开展进一步的普查与搜集，留住原生态的文化特色。

知人之鉴

陈在家（作家、《同安文艺》编辑）

袁和平和我就住在同一幢楼，退休后每日负责三餐和接送孙子上下学。偶尔看到他衣着光鲜行色匆匆，那肯定是要外出当评委或顾问。在大部分平凡的日子里，他会在楼下空地上教教太极拳，而更多时候是细心接待慕名前来求医的患者，哪怕是中午或大半夜。袁和平是公益精神的践行者。我曾多次就此提及当今的社会现状，他总是扶了扶度数越来越深的眼镜，抿嘴笑说知足常乐。

人物名片：

袁和平，一九五一年十一月出生于同安，同安区文化馆原馆长，同安区民俗专家，厦门市同安区武术协会顾问，对厦门民间文化，特别是同安民俗文化颇有研究。精通宋江阵、车鼓弄、硬气功等，对民间音乐曲调也有深入研究。

廖水深：
静水流深，办起全省首家电影博物馆
—— 全国农村电影工作先进个人、福建省电影家协会理事

　　静水流深,廖水深一直默默无闻。二〇一四年十二月十三日,这一天是个例外。同安电影博物馆当天开馆,全省各地电影公司、影剧院近百名电影人深受震撼,围住同一个人合影,主角就是廖水深。他从年轻小伙到退休,常年无休,在他的电影青春里,有电影机、电影拷贝、老海报,一件件实物,无声地诉说着同安电影的前世今生。

　　在这个福建省首家电影博物馆里,馆藏最早的电影放映机,比上海、北京等地电影博物馆馆藏的年代还久远,全世界所有制式影片都能在馆藏的电影放映机中找出一台来放映。干一行爱一行,廖水深的芳华融进同安电影事业,他既是同安电影发展的亲历者,也是中国电影胶片时代辉煌与终结的见证人。

一

　　二十世纪七十年代初,十九岁的廖水深成为一名电影放映员,第一份工作让廖水深一家充满感恩,"我的父亲告诉我,这一切都是共产党给的,一定要拼命

廖水深创办全省首家电影博物馆

地干,干就干好。"他说,父亲教导他,不仅要诚实,更要勤劳,他学了四天就能独立出去放映电影,早年农村放电影大多是单机放映,每部故事片要停机换两三次片,他换片的速度也是一流的,三十秒内搞定,很多群众夸说,一根烟还没卷好,电影又开始了。

那时的同安、翔安,城区只有一座银城影剧院,"爱看电影的人实在太多了,能看上一场电影,比让人请客大口吃肉还高兴,有新电影,电影院外的人比看电影的人还多",廖水深回忆,城区群众文化需求太强烈了,那时有一部朝鲜进口电影《卖花姑娘》上映,群众在售票窗排队买票,"很多人午夜带被子来排队,为的是买第二天的票,真叫一票难求"。

山区群众对电影的渴求同样强烈。廖水深到汀溪山区放电影有六年时间,背着被子步行进山,一个月路过家门才顺便回家一趟,天天到山村放电影,风雨无阻。"遇到大雾天,银幕模糊了,想等雾气散开再放映,但村民坚持要放映,说图像看不清,就是听听声音也高兴。"他说,群众对电影太热爱了,遇到下雨天,人可以淋雨,电影机和影片不能淋,"保护机器和影片,就像保护自己的眼睛一样"。

有一次遇大雨,蓑衣不管用,一户村民主动拆下自家门板,四名村民抬着门板四角,为放映机挡雨,影片放了两个小时,门板也抬了两个小时。进村放电影,村民都提早来村口接应,抢着挑机器,放映机、发电机等设备近两百斤,有 名褒美村斗拱自然村的村民单挑就往村里赶。在一个自然村放电影,即便走个十多公里山路,村民也乐此不疲,邻近村的村民打着火把来看电影,每到电影结束,通往各村山道上,夜里火光点点,形成一条条火龙,十分壮观,成为那个年代的独特记忆。

二

一九八一年之前,廖水深在靠海边的村庄放映电影两年多,他担任策槽公社电影放映队队长,一年时间里为群众放电影八百多场次,这一纪录至今无人能破,电影放映队被省文化厅评为先进集体。往往新电影一出,经常夜里要"跑片",通宵达旦放电影,从夜幕降临就开始,一个村庄刚放映完,又马不停蹄地赶往下

一个村庄，直到第二天天已大亮，"群众还是依依不舍，要求再放，再放，就算看不到影像，听声音也很过瘾"。

下乡放电影的经历中有一个画面让廖水深记忆犹新：忙碌了一天的农妇，还穿着汗湿的衣服，抱着孩子赶来看电影，一手给孩子喂奶，一手端碗喝粥，眼睛盯着电影银幕目不转睛，脸上满是喜悦的笑容。"群众对电影是如此渴望，我们一刻也不能耽搁。"他总是想方设法多下乡，为农民多放几场电影。

廖水深痴迷电影工作，不只是热爱，也是责任使然。他难得回家一趟，每到家，父亲廖秋金就催促他："政府培养你放电影，待遇又那么高，不能在家休息，要回单位去，努力把工作做好。"父亲弥留之际，廖水深回家看望父亲，父亲已无法说话，还用手指着城区方向，摆手让他回去工作。

一九八一年，同安县电影院建成投用，廖水深成为电影放映设备维修员。他说，电影放映机维修水平，关系电影的声光质量，关系群众能否看好电影。他刚从业不久，有一回为海岛驻军放电影，结果放映机出了故障，老放映员坐船来帮忙也没能修好机器，上百名战士看不成电影，看着战士们久久不愿离开放映场地的神情，他揪心的同时下决心学好电影放映维修技术。

从参加工作第一天起，廖水深开始记笔记，这一习惯坚持至今四十多年，在几十本记录本里，每一天工作内容，细到当天影片片名和观众人数，更多是记录机器状况和维修心得。在师傅许建基言传身教下，廖水深认真学习有关技术材料，刻苦钻研，成为省内极少数掌握放映机宽银幕镜头维修技术的专家。为钻研宽银幕镜头维修技术，他连续一个多月通宵达旦，"把宽银幕镜头送厂维修一次要三五百元，且要耽误放映时间一个月，我自己能维修，再也不需要送回原厂，省时又省力"。

学好了电影放映设备维修技术，不仅同安本地的机器坏了就近修，连漳州、泉州等地的电影队机器坏了，也纷纷送到同安请廖师傅帮忙，"除了公司收点更换零件的费用，从不收维修费，个人没有报酬我也乐意，因为机器修好了，就不耽误群众看电影了"。他经常加班加点废寝忘食维修机器，他说，至今想起来，仍要感谢食堂的林师傅，每次都帮他加热饭菜。

廖水深珍藏大量老电影海报

不仅如此，依托过硬的技术，廖水深组织举办过五期电影放映培训班及"爱机护片"辅导班，一九八二年至一九九五年他先后编写过八点七五毫米、十六毫米电影放映机、三十五毫米电影提包机、晶体管电影扩音机和电影放映新光源的使用与维修等教材，还对县（镇）电影院、电影队放映光源等进行过重要的革新和改造，为全县培养了一百多名电影放映员。

三

一九九八年，廖水深出任同安电影公司总经理，此时电影市场已开始萧条。他说，二十世纪八十年代末录像厅的出现，让同安城区群众离开影院走进录像厅，九十年代电视机走入寻常百姓家，山区群众也守在电视机前不爱出门，对电影的冲击不言而喻。

面对电影市场的大变革，多种娱乐场所的兴起，农村电影市场的萎缩，廖水

深迎难而上。眼见电影市场滑坡严重,影剧院上座率明显下滑,公司已严重亏损。廖水深执掌电影公司后,对老影院进行升级改造,使影院里有了立体声、暖座和空调,以留住观影人群。

一九九九年,电影公司遭官司缠身,公司公章意外被盗用,产生两百多万元债务,面临被法院查封倒闭的危机。"我们是冤枉的,关系电影公司命运,七十多户人家的生活,无论如何都要想办法。"为了找人,廖水深曾通宵在领导家楼下守候三天,他还拿着一张《厦门日报》的相关报道,敲开全国人大代表、全国十佳律师的办公室大门,得到其支持,最后挽救了公司。

廖水深通过积极组织影片,培养优秀业务员、宣传员,让流失的电影观众重新走进电影院。他始终坚持要求别人做到的,自己首先做到。通过改革和经营,公司最终扭亏为盈。二〇一一年元旦,同安文体中心落成,焕然一新的同安影剧院迎来第一批影迷,可同时容纳一千三百多人观影,设备先进,声光质量跻身全国一流行列。廖水深说,开业第一年,一天票房等于老影院一个月的收入,目前,同安影剧院效益稳居全省县(区)级影院前列。

四

二〇一〇年,全国电影胶片时代终结,迈入数字电影时代。廖水深说:"电影从一八九五年诞生,新技术不断进步,机器是电影技术革新的代表,也见证世界电影历史的进步。"比如十六毫米电影机,单齿替代双齿,代表有声电影的到来。电影从无声到有声,从单声道到立体声,从黑白到彩色,从普通银幕到宽银幕,从普通电影到立体电影,从胶片电影到数字电影,电影的技术在不断进步。

早在二〇〇五年,他获得出国考察电影市场的偶然机会,在威尼斯看到一家电影博物馆,门票高达二十欧元,当他满怀期待地走进约五十平方米展馆内,所见却仅有一台电影机和摄影机,以及部分电影道具。"我强烈地萌生创办电影博物馆的念头,留住胶片时代的电影实物,把几十年收藏的电影机器留给后人,这是我最大的心愿,也是最大的幸福。"筹办电影博物馆,从萌芽到实现,廖水深等了整整十年。

　　说起这些珍贵实物的收藏，廖水深讲述，随着机器的更新换代，从事机修的他，起初只是想对比新旧机器的优劣势，玩玩电影机械，留下部分样机作对比。渐渐地，这些跟着他上高山下海岛，陪伴着无数同安群众度过精神生活匮乏年代的老式机器，他越来越割舍不下。他还先后到泉州、福州、上海、广州、北京和原南京军区电影站搜集电影机械等。

　　电影博物馆的创办离不开长年积累，这是对劳动者和电影历史的尊重。走进同安电影博物馆展区，令人震撼，近四十台老式电影放映机，涵盖八毫米、八点七五毫米、十六毫米单齿、十六毫米双齿、三十五毫米、七十毫米规格的胶片电影机。"镇馆之宝"三十五毫米煤油灯手摇放映机，产于一八九五年的德国巴伐利亚州，是全球第一代电影放映机，放映光源为煤油灯，灯箱上有烟窗，间歇输片机构采用击片式，"镇馆之宝"是一代传过一代，从私人藏家买来。东风牌七十毫米电影放映机，全省不超过两套，从泉州一个柴火间里挽救出来，八百多斤重。全国第一代松花江牌炭精灯电影放映座机，中国仿制的世界最先进放映机，厦门仅有一台。馆内有同安第一台三十五毫米提包式电影机，也是中国第一代电影机。廖水深每隔半年，都要给机器清洗、上油、通电、试用，这些机器都崭新发亮，可正常使用。不仅如此，馆藏资源丰富，还有五千多部电影的老海报，片库里还完整保存着十六毫米和三十五毫米两种规格的电影拷贝九百多部，电影的时间跨度从一九五六年到二〇一〇年国家停止生产胶片电影为止。

　　在同安区宣传和文化部门支持下，同安电影博物馆开张五年了，退休后的廖水深，现在是同安电影博物馆馆长。开馆五年来，已累计接待全国各地参观者两三万人次，"现在进入数字电影时代，通过电影博物馆，我们想让年轻人知道，电影从哪里来。"虽然退休多年，廖水深并未停下脚步。由于场馆面积及经费有限，电影博物馆还有许多藏品未能展出，也未能全天候向市民开放。他希望，今后电影博物馆能有固定的场所，更大的空间，向市民开放，与旅游相结合，让同安电影博物馆成为融历史、教育、旅游、娱乐为一体的电影历史文化展馆。

> **知人之鉴**

邓晨曦（福建省电影家协会原副主席兼秘书长，现任中国电影家协会海峡两岸电影交流工作委员会常务副会长兼秘书长）

廖水深最让我感动的是，他在退休后创办电影博物馆。当我领着中国电影家协会领导一行莅临同安参观的时候，他们无不交口称赞，老廖以只手填补空白，翻开了福建电影事业崭新的一页！

李晓红（福建省电影家协会副主席、厦门市电影家协会主席、厦门大学人文学院副院长）

廖水深馆长把自己的一辈子都交给了他心爱的电影！多年来，他不仅把电影送到大街小巷，倾心为人民服务，而且在保存电影文化资产方面做出重要贡献。他珍藏的那一台台电影放映机，一个个电影拷贝，一幅幅电影海报，如珍珠般闪烁着历史光芒，更将照耀后来者的艺术旅程！

曾海东（福建省电影发行放映公司总经理）

廖水深是一位资深的电影人，从基层放映员到县级公司经理，为电影事业倾力奉献数十载。其间经历行业的深刻变革，他带领公司突破困境，在省内率先成功转型升级，成为省内院线发行的主要区域力量。在抓电影经济的同时，突出社会效益，积极落实国家"二一三一工程"，坚持电影文化的"二为"方向。创立的电影博物馆，填补了省内空白，为电影文化的保护传承留下珍贵的财富。

人物名片：

廖水深，同安人，一九五二年九月出生。中国电影家协会会员，福建省电影家协会理事，厦门市电影家协会副主席。同安区第十、十一、十二届政协委员。二〇〇一年，获评"福建省农村文化工作先进工作者"称号；二〇〇五年，国家广播电影电视总局授予他"全国农村电影工作先进个人"称号。

柯国庆：
根植乡土，描绘时代变迁
——同安农民画市级非遗代表性传承人

有一种文化自信，源自双脚扎根的大地。在古同安今厦门的荣光里，千年银城沉淀了丰厚的乡土文化。"同安农民画"就是挥洒在新时代同安画卷中浓墨重彩的亮色。茶山果林、海滩盐田、农耕渔作，皆可入画，其构图饱满，造型夸张，手法变形，用色大胆，对比强烈。一九八八年同安县就得到文化部授予"中国现代民间绘画之乡"这一殊荣。

三十多年间，同安农民画家柯国庆深入生活，扎根乡土，创作的农民画色彩艳丽，充满张力，风格独树一帜。令人惋惜的是，二〇一六年七月，同安农民画市级非遗代表性传承人、同安农民画旗手柯国庆安详地走完他人生的五十八载春秋。他带着文房四宝，带着陪伴多年的心爱画笔，到另一个世界继续描绘多彩绚烂的乡土风情去了。在同行眼中，柯国庆自己就是一幅农民画，情怀很朴素，色彩很绚丽，追求很执着。

一

在不到一平方米的画作里，出现两百多个人物，画面中绿树掩映，热闹喜庆，乡民们抬龙舟，看大戏，弄车鼓，形形色色的乡土人物，个个生动活泼、神采飞扬，闽南古厝、现代建筑披红挂彩，大街上商贾云集、人流如织，白鹭和飞机从空中掠过，这幅繁而不乱、干净明亮的民俗风情画《普天同庆》，就出自柯国庆之手，其色彩对比强烈，构图饱满，细微之处可见功力。

作为土生土长的同安人，柯国庆是同安农民画代表人物，三十多年来，他眷恋丹青，坚持创作。在他看来："同安农民画堪称同安民俗瑰宝，散发着浓郁的乡土气息，历经半个多世纪，至今仍充满着生命力。"

同安农民画发端于二十世纪五十年代，以柯国庆等为代表，同安活跃着一批农民画家，他们热爱生活，信手拈来，创作出的同安农民画充满地域特色，田间农作、踩车戽水、采茶摘果、养蚝捕鱼等极富厦门特色的生产画面，都能在画中找到最生动的表达方式。

柯国庆的农民画，尤其热切地表现同安民俗文化的元素，比如莲花褒歌、车鼓弄、宋江阵……一一入画，通过他的作品，这些日渐淡漠的民俗，成为在地人

柯国庆在古建筑工地绘画

文景观,为非物质文化遗产找到新的传承形式。

"农民画既要写实,保留传统,又要创新,大胆改造,画面的呈现,要力求比相机拍出来的照片来得更生动。"这一理念贯穿于柯国庆的创作中,他的农民画也因此带上不平常的创意,带有鲜明的个人风格。

一九九九年春节前夕,柯国庆创作出《快乐生肖图》,画面上的生肖,人的身体,动物的头像,农民画至今没有人如此画过。"你也真够大胆的,农民画画出了不平常的创意",同安区文化馆如此评价。这一幅快乐生肖图,最后摘取了中国农民画艺术节的银奖。

柯国庆时常思索,如何永葆同安农民画的生命力?他以自身的实践探索出经验,除了个性鲜明地呈现民俗风情,还要善于发掘农村题材中的社会新风尚,反映时代的新变迁,于是,同安的"金包银"工程、工业社区新貌等,纷纷进入他的画作。他常说:农民画创作必须与时代同呼吸,共命运,积极传承时代精神,赋予传统艺术现代气息,才能拥有更广泛的受众。

二

平日里，柯国庆经常泡在宫庙、宗祠等古建筑的工地现场，他负责宫庙绘画和古建筑装饰，以此养家糊口。一有空就练笔，宫庙的墙壁、围墙等地方，都留下他的画作，经常画龙凤、麒麟等瑞兽，他用色大胆，创作鲜活，最常用红、绿、黄、白、蓝五个颜色。他有偏好，青睐"大场面"，在他看来，"大场面"的农民画更耐人寻味。

说起农民画，柯国庆感触良多，孩提时，母亲是村里有名的绣花能手，他从小耳濡目染，母亲用一针一线，绣出奇妙的画面，母亲是他绘画的启蒙老师，小时候他就懂得跟着在地上画画。二十世纪七十年代，同安农民画声名鹊起，八十年代达到艺术巅峰，一九八三年，在同村农民画家柯朝订的举荐下，他参加了同安农民画培训班，画技突飞猛进，好作品不断涌现。

一直到去世前，柯国庆都保留着随身携带铅笔的习惯，"平时一有灵感，我就用铅笔打个草稿，画在小纸片上"。为了让植根于广阔农村的农民画推陈出新，

柯国庆作品《粒粒皆辛苦》

一有机会，他就带着相机出门拍照，拍下乡村、田间、民俗的精彩瞬间，从日新月异的同安新貌中，汲取艺术创作的营养。

柯国庆是同安农民画最活跃的画家之一，从一九八三年到二〇一三年的三十年间，柯国庆先后创作出数百幅农民画，屡获大奖，他的作品还曾作为礼品，赠送给文莱等国。潜心创作的柯国庆，言传身教带着弟弟柯永德走上农民画创作之路，他的一对儿女，也从小耳濡目染，现已成为传承同安农民画的新生力量。

近年来，在同安区宣传部门、文化部门的扶持下，同安设立农民画创作中心，为农民画家提供集中创作、人才培养的场所，也探索同安农民画产业化、市场化的合适途径。

二〇一三年年底至二〇一四年年初，在同安区委宣传部推荐下，柯国庆带着弟弟柯永德和儿子柯登科，共同创作巨幅农民画，与以往不同的是，这次农民画并非画在纸上，而是以浮雕形式，镌刻在同安的美丽乡村景墙上。

经过前后两个月的考察和不断设计推敲，终于完成军营村、白交祠村的百米浮雕墙的设计稿。二〇一四年六月正式进入施工环节，从画笔到水泥刀，同安农民画以崭新的形式出现，历经三个多月，从放样，上泥坯，深入雕刻到上色调整等，终于完成军营村的《中国梦》主题农民画浮雕墙、白交祠村的《茶薯人家》《十二生肖》《山歌壁画》系列作品，成为"中国最美休闲乡村"的一道亮丽风景，金砖厦门会晤期间，他的画也吸引全国媒体的关注，这在同安农民画的历史上留下浓墨重彩的一笔。

三

二〇一六年七月四日晚，同安农民画市级非遗代表性传承人、同安农民画旗手、同安区拔尖人才柯国庆走了，享年五十八岁。

"我们相处了一辈子，我虽没有特别夸过他的农民画，内心却很支持他。"柯国庆妻子柯彩凤说，丈夫执着于农民画创作，女儿与儿子也喜欢上农民画，她都看在眼里，农忙时节，她宁可自己一个人在田间忙碌，也要让丈夫带着儿女在家中楼上练画。柯彩凤不无惋惜地说，现在丈夫走了，楼上创作室那盏原本每天亮

到凌晨的灯也熄灭了。

柯国庆女儿柯静缘九岁学画,如今是一名中学美术教师。"他从来不要求我要学画,而是让我耳濡目染爱上绘画,小时候看父亲作画,水粉颜料加上一小罐的水,就像变魔术一样,调出各种各样的美丽色彩。"柯静缘说,父亲很勤奋,白天在外从事古建筑设计和施工,晚上回家挑灯夜战画农民画,一年到头没怎么休息过。

"父亲一生痴迷于绘画,即便临终前,也还念叨着画画。"儿子柯登科说,父亲有个遗愿,想画一幅主题为"闽南民风民俗"的百米农民画长卷,开始打草稿了,风格也构思好了,想创作成为同安版的《清明上河图》,他的离去让这一计划搁浅。不过,柯登科已经和姐姐商量好了,他们将接过父亲的画笔,完成父亲的这一遗愿。

知人之鉴

康江林(同安区美术家协会主席)

不仅在同安,在整个厦门地区,柯国庆创作的农民画也独树一帜。他不仅执着于农民画创作,对同安乃至厦门民俗也有深刻理解,他的作品风格鲜明,地域特色凸显,夸张、变形、抽象的绘画手法,都能在他的画作里找到影子。

黄亚彬(牡丹画家)

与柯国庆相识四十年,我们既是同行又是好友。在市场经济浪潮下,同安农民画一度低靡,画农民画根本挣不了钱,有的画家甚至一度放弃创作,可是,柯国庆他痴心不改,坚守着同安农民画的阵地,为同安农民画复兴尽心竭力。

严宗珍(同安书画名家)

柯国庆的艺术造诣全面、思维敏捷、灵活多变,精通泥塑、瓷画、壁画,是宫庙、屋宇等古建筑彩绘、剪料、浮雕等装饰画的行家。他一直为热爱的事业奋斗,直到生命的最后一刻,他无愧于农民画传承人的荣誉。

人物名片：

柯国庆：一九五八年八月出生于同安区新民镇梧侣社区，同安农民画市级非遗代表性传承人，同安农民画骨干画家，作品《锄头蓑衣舞》获中国第二届在京书画展二等奖，《粒粒皆辛苦》等五幅作品被中国农业博物馆作为精品收藏，另有众多作品屡获大奖。创作不断，创新不止，他被誉为"同安农民画旗手"。

刘团结：
古法匠心，添香"舌尖厦门"
——厦门古法酱油酿造技艺省级非遗代表性传承人

他在时间的长河里溯游，坚守着中国农耕文明一贯遵循的自然法则，顺天应时、四季轮回、日晒夜露、滋养沉淀。他以时间和匠心注入，成就了从一颗颗大豆到酱油、酱的传奇蜕变，赋予古法酿造崭新的传承记忆。三十九年来，刘团结满头青丝变白发，他依然如故，穿梭于发酵醅间和户外晒场之间。

作为福建省级非物质文化遗产的代表性传承人，厦门古法酱油酿造技艺的第五代传承人，刘团结在快节奏的时代里，用慢工细活、拳拳匠心，诠释了时间的价值和技艺的传承，为"舌尖上的厦门"添香。

一

一九八〇年，刘团结二十三岁，顶替母亲进入厦门罐头厂，成为豆酱车间的一名学徒。"能成为固定工不容易，虽然年纪不大，但当时就想，要做就做一辈子。"刘团结的那个年代，不只是他，进厂的每个人都这样想。他最早做的是醅前发酵，当时厂里有个不成文规矩，每个工人只专注于一道工序，成为所在工序熟练工，一般学了醅前发酵，就不能学晒场发酵。

刘团结母亲许阿美在罐头厂工作二十年，对儿子的工作没有什么要求，只是嘱咐他："你只要有在做事情，好好做就可以了。"就这样，刘团结当了几年醅前操作工。一次偶然的机会，老师傅郭绪庆进入他的生活。

"那时一个车间几十人，学徒很多，通常等着安排工作。我就想，既然选择干一辈子，就不能太平庸，起码手艺要先学会。"于是，他主动找到郭绪庆师傅，"师傅，我很想跟您学技术。""等有机会再来！"郭师傅自己十三岁开始做工，从烦琐的烧水扫地做起，到最终掌握整套技术。他一看这小伙子好学，仿佛看到年轻时的自己，默许收下这个徒弟。

囿于条件限制，无法公开学技术，刘团结就在工作之余，偷偷向郭师傅请教，他主动学习，有一股不服输的劲，主动、细心、责任心得到师傅的认可，师傅最终将毕生所学托付于他。刘团结至今不忘师傅一句话："学一门手艺不容易，意味着师父教你不容易。"他感恩在心，从头到尾学，到基本掌握技术，前后耗费十年时间。

刘团结坦言,刚入行时,认为只是一份工作,慢慢跟师傅学,一边学一边琢磨,进入酱文化的世界,他义无反顾,"起初觉得枯燥,到后来,做下去,学完了,看着东西每天发酵,变化都不一样,从大豆到酱,从酱到酱油,太神奇了"。这一干就是三十九年。

二

日晒夜露,昼晴则晒,夜晴则露,这种传承自唐代的古法酿造工艺,在刘团结和同事的努力下,得以完好地保留。从一颗大豆到一滴酱油,在时间的缝隙里,用最古老的酿酱方式助其化茧成蝶。

一年只成一次酱,用古老的方式发酵,时间漫长,在这个快节奏的时代,慢工细活尤为可贵。刘团结说,挑选优质黑龙江大豆,选豆,洗豆,泡豆,蒸煮,拌曲,大豆摊铺在圆簸箕上,进入醅间进行第一次发酵。醅间温度保持在三十五

古龙酱文化园晒场酱缸获上海大世界基尼斯纪录

至四十三度,湿度保持在三十一到三十八度之间,前期发酵五六天,其间,他要频频出入醅间,观察发酵情况。

狭长的走廊,清一色的老木门,推开斑驳的木门,是一间间发酵醅屋,屋顶有传统双层瓦片,隔热通风。这里没有空调,没有机械设备,只用门、窗这些简单的设置,用最原始的方法和经验、感觉来判断,控制发酵环境。每个醅间有两扇木门,不同的是,每个门上有好几对挂钩,长短不一,用来控制门缝的大小。这些貌不起眼,或大或小的门缝,却是控制大豆发酵的"密码"。

大豆进入醅间,需将木门关闭,升高室内温度,促进发酵。此后,调整门缝大小、屋顶小窗,控制室内温度、湿度,根据气候调节发酵屋里的温度、湿度。昼夜有温差,不同季节有湿度之别,温差、湿度变化是一种现象,也是自然规律,但原材料都一样,古法酿造不好把握,要靠师傅把关和调控。刘团结说,调控的是发酵的程度,时间的长短,"在一年周期里,哪个季节调到哪种程度,不同季节下缸,就用不同方法调控,最终的目的只有一个,那就是出一样的结果"。

"想做一个好产品,你今天下缸,并不知道一年后会怎样,因此,从下料那一天开始,就要把好关,把每一天都做好。"在刘团结眼中,这是沉甸甸的责任。他介绍,做酱油和酱,一般年份下原料,有一千多吨大豆,最多时甚至有两千吨,"一批东西下去了,要等待一年时间,每一批都要用心做好"。

三

从室内到室外。第一道发酵成熟后,转战户外晒场,进行第二道入缸发酵。同安西柯镇的古龙酱文化园里,四点四万平方米晒场上,六万口陶制大缸整齐划一,就像列队的士兵。经过第一道发酵的半成品,将在晾晒场开始半年以上的漫长等待,其间要经历日晒夜露,汲取天地之精华,迎来最终的蜕变。

在这个获上海大世界基尼斯纪录的大晒场上,一口口陶缸戴着竹制大斗笠,晴天掀开,缸里的大豆迎接阳光,糖分转化和蛋白质分解,夜里戴上斗笠,晒场夜露,缸内酱坯原料里的蛋白质、淀粉和微生物酶活力,在自然状态中缓慢发酵分解,形成微生物菌类,日晒夜露,最终让酱料发酵成汁,酿成成熟豆酱。

广袤的晒场,刘团结要对应每一个季节,甚至每一天温度、湿度的不同,来判断酱油的发酵程度。六万口陶制大缸,长得都一样,还没有编号,令人惊叹的是,刘团结能准确地记住每一口陶缸的下缸时间以及发酵程度。

功夫在平时,刘团结天天到晾晒场上巡逻,就像一位将军,每天带着六万个士兵操练。第一道发酵,把大豆变成坯,第二道发酵,把坯变成酱和酱油。刘团结每天从一个酱缸走到另一个酱缸,从一个片区走进另一个片区,"今天巡完了,明天准备做什么,只要掀盖子,就能知道不同片区的发酵程度"。他每天巡查,每个片区的情况烂熟于胸。每天巡查是一项艰苦的劳动,尤其夏天,天天在晒场,大缸作业区的温度最高四十八度,平均温度在四十度以上。长年累月,刘团结脸部、手部都晒得较黑,他却不以为意,因为"我们的酱需要阳光"。

古法酿造,没有机械,全靠人工。酱成熟后,要把酱从缸里挖出来,准备做香菇肉酱,这时,需要人工用铲子将酱从缸里挖到桶里,缸口直径约五十厘米,用力也要巧,不然挖不出来。刘团结说,多的时候,两个人一天要挖十吨酱,酸得手臂抬不起来。

"做一件事情,有爱好还不够,还要每天都做好,不能'差不多',就好比每天都'差不多',那么一年三百六十五天下来,就会'差很多'。"刘团结认为,把每道工序都做好,每天都做到极致,这是一年后做出好产品的保证。

四

大多数美食都是不同食材组合、碰撞产生的裂变性奇观,若以人情世故来看食材的相逢,有的是让人叫绝的天作之合;有的是叫人动容的邂逅偶遇;有的是令人击节的相见恨晚。西方人称作"命运",中国人叫它"缘分"。

中央电视台播出的大型美食类纪录片《舌尖上的中国》第二季第五集《相逢》的第二十六分二十七秒,提及中式酱油酿造时,古龙酱文化与观众"相逢"了:"中式酱油是发酵工艺的产物,大豆洗净煮熟,撒上米曲霉菌种帮助发酵,装入大型竹匾中,让水分挥发,最后加粗盐封缸,在阳光雨露的滋养下,才能制成品相完美的酱油。"四十五秒的镜头,拍摄了中式酱油的诞生过程,从选豆到发酵,日

刘团结在晒场上检视大豆的发酵情况

晒夜露至少半年,最后制成酱油的全过程,厦门酱油古法酿造技艺,震撼了全国观众。

  看天吃饭,这是中国农耕文明一贯遵循的自然法则。"做酱油,就像种地一样,靠天吃饭,我们不喜欢下雨。"刘团结坚信,每一天的耕耘都有收获,就像农民热爱土地一样,他热爱制酱工艺,"虽然每天重复,发酵过程却充满奥秘,你看到它在发酵,那是大自然的规律,很神奇"。从始至终,他没想过离开这个行当,即便有过诱惑或更高收入,一开始参加工作在岛内后江埭,后来工厂搬到岛内莲花五村,二〇〇四年再次搬迁到同安西柯,不少人半途而废,也有不少人离开这一行业,表面看似枯燥,刘团结却很欣慰,"每一年的坚持都很值得"。

  在三十九年漫长的时光里,刘团结坚守并快乐着,他深知时间的价值,"你别看我酿酱有三十九年了,其实我也才酿过三十九次而已!"古法酿酱的特殊之处在于,每一颗黄豆都需要等待一年才能成酱,大自然和时间酿出的风味,一到舌尖,就能感受到浓缩的光阴。

一辈子做酱油,刘团结秉承匠人的信念,他在二〇一七年成为福建省级非物质文化遗产代表性传承人。他话不多,一问一答,不过,说起制酱工艺,他眼神坚定,到了车间和晒场,动作娴熟,对着眼前的大豆、酱缸,他的一举一动充满感情。

"在二十世纪九十年代,没人提'传承',到后来才有传承的概念,是因为快失传了,现在古法酿造的传承,到我们手里,不仅抓住了,还要做得更好。"每天,阳光投射出他在晒场酱缸间来回穿梭的背影,络绎不绝前来参观的孩子,远眺蔚为壮观的晒场,从他们惊叹声中,从品尝酱油的表情里,刘团结读懂了传承的力量。

知人之鉴

周秀玉(厦门市文化馆、厦门市非遗中心副研究馆员)

初识刘团结,他话很少,不过,在晒场上说起酱油传统制作工艺,他娓娓道来,如数家珍,判若两人。其聚精刻苦于业,艺精且勤勉,奠定其省级非遗代表性传承人、酱油制作行家的地位。

人物名片:

刘团结,一九五七年生。厦门市"五一劳动奖章"获得者;厦门古法酱油酿造技艺的第五代传承人;厦门古法酱油酿造技艺省级非遗代表性传承人。

吴招治：
包容人生，传承同安味道
——同安薄饼制作技艺省级非遗代表性传承人

故乡，不仅仅是生活过的地方，也是尝到过的滋味。一个人一生行走的脚步，起点和终点，归根到底，都是家所在的地方。舌尖上的厦门，有一种味道不能忘却，那是吴招治对同安这片土地的深情。"薄饼嫂"吴招治，她的微笑是同安薄饼的招牌，她几十年包容人生的态度，如同薄饼，看上去平淡无奇，却别有一番滋味在心头。

二〇一七年五月，薄饼制作技艺入选福建省非物质文化遗产代表性项目名录，她随之成为省级非遗代表性传承人。家常美味，也是人生百味。几十年来，"薄饼嫂"匠心传承同安味道，给海内外游子留下家乡记忆，这种味道提醒着他们不忘来处。

一

吴招治，土生土长的同安人，她从一九六四年起，学习、继承祖传手艺，在同安卖薄饼，因为薄饼味道好且待人亲切，被很多人唤作"薄饼嫂"。六岁到六十一岁，吴招治专注于一件事——做薄饼。从六岁起，她跟着爷爷炸海蛎饼，做薄饼。吴招治的爷爷是蔡复一的后代，相传厦门吃薄饼习俗源于明代蔡复一的夫人。明代兵部尚书蔡复一，同安人，勤于政务常废寝忘食，蔡夫人担心丈夫饿坏身子，于是想出一个办法：把面粉做成一张薄薄的面皮，包上各种烩菜，让丈夫就餐，这样既不耽误政事，也不耽误吃饭。从此，蔡夫人做薄饼助夫的故事传为美谈，民间广为效仿。因此，同安吃薄饼习俗迄今有四百多年历史。如今，每年春节、元宵、农历二月初二、农历三月初三、清明节等重要民俗日子，闽南多数地方还保留着吃薄饼的风俗。厦门民俗清明吃薄饼，清明节祭拜祖宗，薄饼必不可少。一家人扫墓后，都要聚在一起包薄饼吃。

薄饼制作极其考究，购买新鲜地道食材是开始，每天吴招治都要自己到菜市场买菜，挑选最新鲜的食材，有海蛎、豆干、胡萝卜、三层肉等，"东西要好吃，买的材料一定要好。不一定要很贵，但一定要新鲜。我不是为了便宜去买菜，而是为了买到好料才去买。"她说，比如买胡萝卜，必须买十万粒的品种，煮起来很甜很软很好吃；买芥蓝球要买小的，小的比较嫩，买肉就必须买三层肉。她说：

"采购到好东西,用心去煮,煮出来的东西绝对好吃。"

好吃的薄饼,由众多食材搭配,要分开来煮。吴招治说,比如胡萝卜、芥蓝球可以一起煮,花菜和高丽菜可以一起煮,蒜、荷兰豆、豆干、海蛎、三层肉等则要分开炒,然后混在一起拌成烩菜,色香味俱全。薄饼皮很关键,面粉要好,配比合理,做出的薄饼皮又薄又有弹性,标准的薄饼皮一斤有三十到三十五张。有了好的薄饼皮,有油饭,有十多样的薄饼菜,才能做出正宗的好薄饼。

一辈子与薄饼打交道,吴招治从中悟出生活哲学:"薄饼包起来,里面有十多种菜,放到嘴巴里,满满的,有酸有甜,就像生活的味道。"从她开薄饼店起至今,天天有人来吃薄饼,吃到的薄饼,是小时候妈妈的味道。

做薄饼这么多年,吴招治把薄饼做出"家味"和"乡味"。吴招治说,到现在虽然没赚很多钱,但已经不再需要为生计而做。薄薄的一张薄饼皮,包容了很多东西,让她学到人生的包容。"我现在就想给家乡同安做一件事,薄饼是家乡的味道,坚持老手艺的人越来越少,老同安的味道不能失传,我还要继续做下去。"

二

吴招治出生在一个穷困家庭,三个月大就给蔡家从小养大。小时候生活很清苦,从九岁砍柴到十八岁,到十八岁那年体重也仅有三十四公斤。每次出门砍柴,吴招治都要凌晨三点多从同安城里出发,走十多公里山路,走到天亮抵达汀溪镇五峰村,砍柴的地方也就到了。口渴了,就蹲到溪石上,双手鞠一捧溪水解渴,中午吃的是用布包的咸饭,渴了同样是到溪边,漾开溪面上的杂物,取溪水配干饭。十八岁那年一次砍柴,吴招治险些丧命。她回忆,一天砍完柴下大雨,她和搭档一前一后推柴车下山,山路泥泞、陡峭,在两个山头相接的拐弯处,柴车突然打滑,车后的吴招治个子小,力气小,差一点就掉到山涧下,"运气好能活下来,从那天起,我再也不去砍柴了,能活着太不容易了,一定要拼",她在心里默默立誓。

吴招治开始打工,她帮别人带过孩子,曾在车站卖过玉兰花,后来跟着外祖

吴招治制作的薄饼家喻户晓

父蔡体学厨艺,她喜欢琢磨薄饼的用料和制作方法,手艺也渐入佳境。一九五二年,蔡体在同安城关西桥尾开了间小店,专营薄饼,小店就取名"招治薄饼"。吴招治说,这间小店貌不起眼,一间小小的厨房,只能站两人,甚至连桌子都没有,于是她找来石头拼起来当桌子。

"有名的同安薄饼,就是要有饭有菜,炒米是必不可少的环节。"吴招治回忆,在旧店炒米时,油很热,一不小心米掉下去烫到脚,脚会起大泡。于是,她拿着一盆水,人就站在盆里炒米,炒好了让客人自己进来端出去吃。"人一定要拼才有办法。人只要想做,就不会饿死,做吃的,要么不做,不然就一定要成功。"这家店虽然不大,但薄饼质量好,价格实惠,热情好客,很快小有名气。

三

二〇〇〇年,吴招治薄饼店搬到位于同安银湖中路的现址,经营面积扩大至一千五百平方米,薄饼制作方法、选料用料等也进行了改良。吴招治虽然文化水平不高,但眼光独到,她认为,小吃品牌的形成,以传统风俗为根基,与文化不可分割,薄饼叫得响,必须打"文化牌"。

新薄饼店开张时,请来不少文化人,有画家、书法家,现场还办了一场书画笔会,有的题字,有的作画。吴招治说,这些文化人都是时常来光顾她老店的客人,比如许文厚、林岑、白磊、谢澄光、陈武生、郭勋安,如今店里悬挂的字画,多为文化名人所赠。

不仅文化味十足,传统味更浓厚。吴招治讲述,薄饼店用料丰富,制作精细,主要有笋、豌豆、豆芽、蛋丝、豆干、鱼、虾仁、肉丁、海蛎、胡萝卜等。豆干切丝,越细越好,用油炸过,能吸收鱼虾、肉的津液,薄如蝉翼的薄饼皮不至于被弄破。她还很注重细节,用鳊鱼干油酥调味,薄饼更加脆嫩甘美,醇香可口。一张招治薄饼,绿的韭菜,黑的香菇,红的胡萝卜,白的豆芽,一张薄薄的薄饼皮里,五颜六色的馅料,被誉为"白云一片裹春色"。近年来,吴招治还推陈出新,在薄饼皮加入芹菜汁,变为绿色面皮,加胡萝卜汁,变成红色面皮,营养更丰富,色彩鲜艳惹人爱。

"吴招治,做薄饼,历史悠久很出名,选料讲究肉很精,香菇虾仁来合成,营养可口好名声,老朋友,新亲情,兄弟姐妹相宴请,赞不绝口很时行。"厦门方言顺口溜一代宗师汪宗辉曾特地为"薄饼嫂"写下顺口溜。

四

二〇一八年四月，一天中午时分，吴招治薄饼店来了一位小伙子，一口气买了薄饼、封肉、炸枣，花了一千多元，小伙子打开微信，希望吴招治能和他的雇主说上一句话。原来，小伙子受一位颜先生所托，专程从安徽坐飞机来到同安，当天买完薄饼、封肉再返回安徽，担心上飞机不好携带，吴招治特地为这些美食用了真空包装。原来，颜先生从网上视频里看到吴招治薄饼店，特别想尝一尝古早味的薄饼，才有了请人"打飞的"来买的趣事。

这些年，吴招治和她的薄饼店屡受媒体关注。仅中央电视台的二套、四套、八套都专门来拍过节目，在海内外引起反响。在世界同安人联谊大会期间，新加坡的一位华侨担心吃不到薄饼，提前打电话来预订位置。一位九十多岁的菲律宾华侨吃完直夸："我们真的回到了故乡，吃到了家乡的菜。"还有一位马来西亚华侨说："吃了薄饼，有家乡的味道，这才有了回家的感觉。"

"海外的华侨来吃薄饼，他们吃的不只是美食，也是来吃文化，吃家乡味。"每当有海外华侨来店里，吴招治都格外欣慰，在华侨眼中，薄饼代表的不仅是同安传统美食，更是家乡情结。

吴招治薄饼店的薄饼集中体现厦门小吃用料考究、做工精细、配料巧妙的特点，蜚声海内外，成为同安乃至厦门最具代表性的地方小吃名店。一九九九年，"吴招治薄饼"成为中华人民共和国国内贸易部认定的"中华老字号"，中国烹饪协会授予"中华餐饮名店""中国名菜"称号，福建省烹饪协会授予"福建名小吃"等荣誉。

五

二〇一八年春节前夕，在中央网信办网评局指导下，三集系列微纪录片《百姓说·新年》开拍。纪录片摄制组深入中国十四座城市，北到祖国最北端的漠河，西到平均海拔四千米以上的西藏，南到厦门，东至上海。在厦门这一站，纪录片摄制组选择"薄饼嫂"吴招治，这一次记录的是无法忘却的家乡味道——同安封肉。纪录片中，在台湾生活四十年的李建军老人，坐上回程的轮船。一得知兄

吴招治的薄饼屡受媒体关注

长的归期，吴招治便着手准备本地特色菜——封肉。同安封肉做法复杂，耗时长，平常不容易吃到。对于阔别故土多年的游子来说，只有重尝一次封肉的味道，才算是真正回家，故乡的滋味，都化在舌尖上。

吴招治不仅是同安薄饼制作技艺省级非遗代表性传承人，也是同安封肉传统制作技艺的项目负责人。文史专家颜立水说，相传同安封肉是为纪念王审知被敕封为"闽王"而创制的菜肴。五代后梁开平四年（公元九百一十年），王审知被封为"闽王"，授其方形大印。当时居住在同安地面的官员为庆祝他敕封"闽王"，举办了一场盛宴。席间的一道佳肴，就是将猪肉切成四四方方的大块，用黄巾包裹，形如大印，同安封肉由此而来，成为海内外同安华侨最喜爱的家乡菜。

吴招治讲述，传统封肉是这样做出来的：装封肉的缸厚度约五厘米，大缸要先用大火烧一个小时，待其发烫之后，再将甘蔗垫在缸底，防止封肉被煮焦。紧

接着，将事先油炸成金黄色的封肉配上佐料，一块块有序地放进缸里，再淋上大骨汤和秘制配料，最后将缸盖盖上并糊上面粉，以防封肉的香气外泄。

柴烧大缸封肉烦琐、质朴，焖煮时间长达八个小时，耗时是普通封肉制法的五倍以上。吴招治坚持用传统方法制作同安封肉，这样做出来的封肉，味道香浓、肉质鲜嫩、汤汁浓稠、肥而不腻。吴招治继承薄饼技艺之后，同时挑起了传承同安封肉传统技艺的担子，让最正宗的同安封肉制作手法传承下来。

知人之鉴

庄景辉（厦门大学历史系教授）

同安吴招治薄饼，一道传统小吃，热气腾腾地做成今天的中华老字号、福建省非物质文化遗产，古早味美食远近飘香。被誉为"薄饼嫂"的文化传承人吴招治，数十年恪守匠心的爱拼精神，赢得了成功而名声在外。品尝吴招治薄饼，好吃爱不释口；回味"薄饼嫂"人生，为她倾情点赞！

人物名片：

吴招治，一九五八年十一月出生于同安，几十年来匠心传承同安味道，素有"薄饼嫂"的美誉。其薄饼制作技艺，二〇〇九年六月入选厦门市非物质文化遗产项目；二〇一七年五月，被列入福建省非物质文化遗产代表性项目，她成为省级非遗代表性传承人。

刘良阵:
躬耕基层,守望乡村文化
—— "福建好人榜"敬业奉献好人、全省岗位学雷锋标兵

　　他像一头拓荒不辍的耕牛，在同安乡村深厚的土壤中留下一个个坚实的足印。热爱，让他在一个岗位躬耕四十载，把人生最美好的年华献给同安的大山与文化。二〇一八年四月，刘良阵获评"福建省岗位学雷锋标兵"，厦门全市仅他一人。

　　乡村文化守望者刘良阵是同安区汀溪镇文化站站长，作为厦门农村的基层文化员，他朴实无华，拥有文化人的身份，却像农民一样"卖体力"；他跋山涉水，对汀溪文化倾注深沉的爱；他在平凡的岗位上，历经岁月洗礼，擦亮人生底色，留住了最美乡愁。

一

　　青瓷璀璨耀珠光，正统阵势看宋江，汀溪镇拥有两项省级非物质文化遗产，汀溪镇非物质文化遗产项目和非遗传承人名录的建立与完善，离不开刘良阵的痴心。

　　汀溪境内有省级文物保护单位汀溪窑址，这里记录厦门窑业辉煌的历史，可追溯至宋元时期。同安是珠光青瓷之乡，沧海桑田，珠光青瓷烧制技艺一度失传。二〇一一年，陶艺大师洪树德"复活"珠光青瓷烧制技艺，在刘良阵的不断宣传推荐下，汀溪镇珠光青瓷烧制技艺入选省级"非遗"。几年前，他还将珠光青瓷文化引进褒美小学，开办陶艺班，让珠光青瓷技艺在孩子们的手中得到传承。

　　气势不凡、虎虎生风的宋江阵在汀溪已有数百年传承历史，在台湾也有很高的知名度，这项省级"非遗"一度面临失传，刘良阵积极呼吁并争取资金，让民间艺人有条件传习宋江阵。在他的组织下，相关阵头三次赴金门传授，交流技艺，金门媒体将其称为"正统阵势"。二〇〇七年，造水村宋江阵被列入省级"非遗"名录，几年前，汀溪中心小学设立宋江阵传承培训基地，刘良阵还组织编写校本教材《宋江阵》，搭建起两岸宋江阵交流研习平台。尽管如此，刘良阵仍心存遗憾，汀溪镇前格村的车鼓弄历史上曾辉煌过，二十世纪八十年代，当时两位传承人岁数加起来超过一百五十岁，但随着老人的离世，汀溪车鼓弄遗憾地偃旗息鼓了。

　　近年来，在刘良阵的持续呼吁、推动下，汀溪褒美村的叶拱南故居展开修缮

刘良阵走访汀溪名人故居修缮现场

工作,这座带有军事功能的"六落大厝"将因此迎来新生,它既是汀溪古民居的代表,也是匣钵体古厝,单体面积达到一千一百平方米,其修缮完成,对厦门古民居的保护与传承,将发挥示范作用。

刘良阵到汀溪镇工作,从年轻小伙子到年迈的老人,一辈子就在一个岗位上,他无怨无悔,对汀溪文化饱含深情。"文化是汀溪的根,是汀溪的魂,也是我一辈子努力奋斗、痴心不改的眷恋",刘良阵如是说。

二

一个公章,一张破桌子,一个人。回忆起一九七八年刚到汀溪镇文化站工作时的情景,刘良阵感慨道:"很难,真的很难,可我热爱这个职业。"四十多年前,村民文化意识不强,文化基础设施薄弱,办一场活动,从策划、申请经费、组织人手……都是他一手包办。

随着乡村文化需求的增长,建设新的文化活动中心势在必行,奔波跑资金,

跑项目，刘良阵希望盖一座乡亲们自己的文化活动中心。为了汀溪镇文化活动中心的建设，他一连数月来回奔波于市、区、镇之间。在他的推动下，二〇〇四年，汀溪镇文化活动中心落成，汀溪广大群众休闲锻炼有了好去处。辖内十三个行政村农家书屋建起来了，四十一个村篮球场办起来了，全镇各村文体发展步伐快起来了。现在每逢春节，农闲之时，都是刘良阵最忙碌的时候。每年初一到初三，他总是穿梭在各村之间组织开展文化活动。

汀溪镇有一支自行车载重队，这支队伍享誉全省，是刘良阵一手拉起来的，他既是教练员又是运动员。如今在汀溪镇仓库里还存放着一辆大自行车，那是刘良阵引以为豪的"赛车"。在他手上，汀溪镇的农民文体活动办得风生水起。骑自行车载重一百三十斤，一口气跋涉四十公里，就算是年轻小伙子也感觉吃力，刘良阵却能轻松搞定。

自行车载重运动对脚力要求特高，刘良阵跑遍汀溪镇各村物色"猛男猛女"。刘良阵是领队兼教练，但每次比赛前的近两个月封闭训练，他都和队员一起，用

刘良阵走访褒美匼钵体古厝

自行车后座载一百三十斤重的沙包，在山路上负重爬坡训练，有时一天要骑行一百四十公里。在省第四届、第五届、第六届农民运动会上，代表厦门参赛的汀溪自行车载重队，取得十金七银八铜的辉煌战绩。

汪前荇后自然村是汀溪镇海拔最高的村庄，从二〇一三年开始，山里的乡亲和城里的市民一样，看上了数字电视，"可以接收到五六十个频道，那电视播起来特别清晰呢"，荇后村老郑感慨，山里的文化生活变化真大。到二〇一三年十月，汀溪镇十三个行政村一百二十多个自然村的四千多户的数字电视整体转换工作全部完成了，为了减轻农民负担，刘良阵跑遍各个村，最后镇、村出资三分之二，农民只需掏几十块钱，就能享受"数字化生活"。

二〇一三年，刘良阵候选福建省基层"最美人物"，他是当之无愧的"最美基层干部"，他经常下乡，皮肤晒得黝黑，多次被农民拉住要卖牛给他，被误认是"牛贩子"，这故事也被传为佳话。

三

厦门北部山区的汀溪镇山灵水秀，刘良阵是汀溪人，熟知汀溪的一草一木，作为同安基层最年长的文化员，刘良阵用双脚丈量汀溪大地，不论文物普查、文化下乡，还是媒体前来采访，想找人带路，他就是最好的向导，说起汀溪文物，他更是如数家珍，被誉为汀溪文化的"活地图"。

第三次全国文物普查期间，汀溪镇近八十个文物点，都需跋山涉水，长期在汀溪，刘良阵练就了好脚力。文物普查初期，他一天安排普查四个文物点，一天下来其他人都累趴下了，刘良阵才意识到，一天行程安排太紧凑，不怎么在山里走的人根本没法像他这样，爬高山如履平地。近八十个文物点，不管是深山老林还是荒郊野外，每一个点他都实地考察，有的地方一个来回要走将近六个小时山路，他从不叫苦，反而乐在其中。

二〇一一年，刘良阵参与厦门文史丛书《厦门城寨沧桑》的搜集整理工作，书中对汀溪众多古寨遗址均做了详细介绍，他还参与汇编《厦门市非物质文化遗产普查成果汇编·同安区汀溪卷》。近年来，随着汀溪镇推进小城镇建设的同时，

多处古墓葬被发掘，刘良阵平常就注意联系各村，常常第一时间赶到现场，紧急上报情况，确保文物安全。

扎根基层四十年进行"文化苦旅"，刘良阵用行动践行了最美的人生信条。二〇一五年年底，《汀溪民间故事》和《汀溪寻古》两本书应运而生，它们是刘良阵近四十年立足田野精心调查的第一手资料，再现了汀溪境内不可移动的历史人文遗迹，实现了汀溪镇民间文学零的突破。

"要及时抢救，很多老人都年迈了，再过十年，估计都找不到了解汀溪故事的老人家了。"最近，刘良阵又奔波在乡野山间，搜集整理汀溪的红色文化故事，开展汀溪民间文学和海洋文化普查工作，十三个行政村一百二十多个自然村，走访几十位老人，有一个村庄连续跑了三天。"二〇一九年九月我就要退休了，我从事基层文化工作四十二个年头，党和政府给了我这么多的荣誉，我希望在岗最后一班，能够再编一本书，把汀溪的故事收集齐全，留给后人"。

知人之鉴

颜立水（原同安县文化局局长）

四十多年来，刘良阵不忘初心，守护一方，凭着"厚脸皮、磨嘴皮、跑脚皮"的"三皮"毅力，用心挖掘汀溪镇这座"处处有历史，步步有文化"的富矿，他被授予"全省岗位学雷锋标兵"称号名副其实。

人物名片：

刘良阵：一九五九年九月出生于同安，同安基层最年长的文化站站长，他扎根基层文化工作一线四十二年，为保护乡土文化倾尽心力。近年来，他荣登"福建好人榜"，获评厦门市基层最美人物"最美文化员"、厦门市第六届道德模范、厦门市劳动模范等荣誉。

何东方：
看见同安，定格银城历史
——厦门知名摄影家、同安摄影事业奠基人之一

一顶运动帽，一个摄影大包，一个手机，这是摄影人何东方出门的标配。每到拍摄时，他习惯性将帽檐拨到一侧，在几分之一秒的时间里，摁下快门留下影像。几十年来，他游刃于光影之间，在色彩斑斓的世界里，捕捉稍纵即逝的瞬间，转化成一幕幕视觉图像。

摄影即记录。作为同安本土摄影人，何东方有意识地用影像来记录同安的发展，见证历史的瞬间，为同安留下第一手宝贵的影像档案，这是一种文化自觉。现在他拍摄的影像资料不下十万张。同时，何东方坚守在摄影三尺讲台之上，二十七年如一日，只为更多人爱上摄影，一起看见同安。

一

二〇一九年一月中旬，一篇名为《加入福建省摄协，一位老摄影家的临终追求》的文章在网络上引发关注，网友们缅怀同安摄影人陈秉祥的同时，纷纷为何东方的义举点赞。在他的牵线搭桥下，二〇一九年一月，在省摄协举办的评审会上，经研究决定，特批陈秉祥为福建省摄影家协会会员。

七十一岁老人陈秉祥，是何东方执教的同安区老年大学摄影班中，一位学龄近十年的学员。二〇一八年五月，患病的陈秉祥找到何东方请假："何老师，今后我没有办法再去上课了，没有办法再为摄影班争取荣誉了。"陈秉祥已被确诊患有肺癌，人一天天消瘦，病情也越来越严重。告别时，他不无遗憾地说："何老师，我可能无法完成自己定下的目标任务了。"老人的目标是加入福建省摄影家协会。

在难过和悲痛之余，何东方给福建省摄协主席潘朝阳写了一封信："作为一名普通的艺术践行者，他可能没有什么骄人的成绩，但他那股'老骥伏枥，志在千里'，对摄影艺术无限追求的拼劲永存，这种对艺术的态度值得我们学习，恳请协会以特批形式，圆老先生一个梦。"

事实上，老摄影人陈秉祥的摄影成绩可圈可点。退休前，他是厦门市洪塘中学一名有着几十年教龄的教师，兢兢业业，诲人不倦。二〇〇七年退休后，他发挥余热报名参加同安区老年大学摄影班，先后加入同安老年大学摄影学会、同安

何东方以光影记录同安。夏海滨 摄

区职工摄影协会、同安区摄影协会、厦门市摄影家协会。先后有数十幅作品获国家级、省级、市级奖,是同安老年大学摄影学会第二届、第三届理事。

收到何东方的来信,省摄协主席潘朝阳旋即向省文联副主席、书记处书记王来文汇报这一情况。两人对这封来信很重视,对信中反映的内容再核实,最后经省摄协评审委员会研究决定,特批陈秉祥为福建省摄影家协会会员。"一封信,一场温情的接力,一本有温度的证书,圆一个仙逝老人的心愿。看似很普通,但这里却让我们看到何东方那满满的,有温度的情怀。"福建省旅游摄影学会副会长陈伟凯评价。

何东方执教同安区老年大学摄影班二十七年,为同安摄影事业培养优秀骨干。执教至今,先后培养出中国摄影家协会会员一人,福建省摄影家协会会员六人,厦门市摄影家协会会员二十二人。

二十七年前,何东方仍清晰地记得在同安老年大学的第一堂摄影课,教室里,

二十多名满头银发的学员坐得端端正正,每人书桌上都有笔记本和笔,还有一份打印好的上课提纲,"老人家一个个很认真,他们的精神让我感动不已"。何东方说,刚开始以为是简单上个课,却上得满头大汗。之后每一堂课,他都认真备课,他相信,这样的摄影课,能够帮助老人实现"老有所学、老有所用、老有所乐"。何东方坦言,与其说是从教二十七年,不如说是与学员们一起系统学习摄影理论和深入开展摄影实践。

黄婉芬是何东方的学生,她曾是一名癌症患者,几年前参加摄影班时,她刚做完手术不久,自从学上了摄影,判若两人,不仅身体恢复不错,而且精神焕发,摄影奖项也拿个不停,"她对生命的豁达态度,对人生的积极乐观,摄影就像是给她准备的一剂良药",何东方常跟学员们分享,"希望你们能够被我'拉下水'(指学摄影),带进一条健康的道路,一条通往多彩生活的快乐之路"。

二

从第一台相机开始,何东方至今买过八台相机,拍摄照片不下十万张。在摄影的道路上,多年来,他是很多人的摄影老师,他却始终记得自己的摄影启蒙老师——曾经教过他初中语文的蒋文胜。一九七六年,初中毕业的十六岁少年何东方,和同学来到学校操场上,蒋文胜老师带来一架海鸥牌120-4B型相机为大伙拍照,"当时大家都很好奇,这相机太神奇了"。何东方说,在这里,他第一次接触到便携式小相机,不过,那时候他离相机还很遥远。

其实,在何东方家有一个坚持多年的习惯,何东方在家中排行老大,从他一周岁开始到上初中,每年父亲都要给何东方三兄妹拍一张合影,"那时候,我很喜欢让别人拍照,一看到相机就有一种亲切感"。一九七八年,高中毕业的何东方顶替母亲,进入同安印刷厂当学徒,六个月后去北京当兵,一直到一九八三年年底复员。

临近复员,战友借来了一台相机给大伙拍照留影,何东方第二次接触相机。一九八三年十二月,离开部队时,何东方到北京的王府井大街,买了人生中的第一台相机,一台八十八元的虎丘牌相机,他和几位福建籍的战友打算从北京一路

玩回福建,"那时候的相机,用的都是黑白胶卷"。

一九八四年一月,何东方复员回到同安印刷厂上班,这时已有专门的师傅教他平板印刷。那时,何东方有一位在同安祥溪林场上班的朋友,常带着一台理光牌进口相机,两人经常在同安到处玩,玩着玩着,何东方对相机产生浓厚的兴趣。

一九八七年,国产海鸥牌DF-1型相机上市,开始从事业余摄影的何东方按捺不住,一到周末搭上车到岛内轮渡旁的华联商场看了好几趟,"买相机,我下了很大的决心,没买之前,相机背带、镜头纸、镜头布都提前买好了。"何东方说,他当时的积蓄只有二百五十元,而一台相机的价格是五百五十元。实在太喜欢了,何东方只好向母亲开口,一开始母亲极力反对,不过,在弟弟何东宁的劝说下,母亲最终同意了,等发工资后凑足了五百五十元,为何东方买下一台海鸥牌DF-1型相机。"我一连兴奋了好几天,除了上班不带相机,其余时间,我都背着相机出门,机不离身。"何东方对相机的痴迷,甚至一度招来工友异样的目光。不过,邻居阿婆却说:"真够新式的,你爷爷早期就在照相馆里工作呢。"何东方为此找奶奶核实,确实爷爷曾是相馆的工作人员,与相机真有渊源。

此后,何东方买来摄影书籍,自学摄影,很快学会冲洗照片。一九八九年,头一回有生意上门,对方提供底片,请他帮忙冲洗三千张四寸的照片。何东方买来辅助器材,每天晚上忙到深夜,足足忙了一个多月,挣到了人生"第一桶金"约两千元,不仅把找母亲借的钱还上了,还购买了一批胶卷。

有一天,下班途中的何东方再次遇到启蒙老师蒋文胜:

"你摄影玩得怎么样了?"

"还在玩!"

"那你记得,一定要以机养机,才能长久持续下去。"

"以机养机!"何东方琢磨了一夜,终于弄明白老师的话。没过多久,他开始替别人拍结婚照,拍一个胶卷八十元,从一九八七年一直拍到一九九四年自己开照相馆,在此期间,何东方还帮助银鹭、惠尔康等知名企业拍过产品广告。

何东方为同安区老年大学学员授课。余根深 摄

　　一九八八年,何东方加入厦门市青年摄影家协会,一有活动就往岛内跑。那时起,他萌生在同安创立摄影协会的想法。他花了几个月的时间筹备,寻找协会挂靠单位,走访了几十名摄影爱好者。一九八九年五月三日,何东方在同安县组织创建同安县青年摄影协会,他担任秘书长,首届会员二十八人。一九九三年,他担任同安县青年摄影协会会长,举办"银城风貌"等系列摄影展,协会不断壮大,同安摄影人增至五十多人。一九九四年,在同安县青年摄影协会基础上,何东方参与组织创建同安县摄影协会,何东方现任协会副会长。多年来,该协会开展摄影比赛、活动不断。二〇一六年,同安区被评为"福建省摄影十强县"。

　　此外,二〇一四年,何东方在同安区创建厦门市首个职工摄影协会,担任会长至今。

三

　　中国摄影家协会主席李舸说:"摄影是一项有重量的精神运动。它不仅仅是艺术创作了,而是一种生活方式和处世哲学。"何东方很推崇这句话,他把摄影

当成自己的生活方式,但凡出门机不离身。

何东方拍照很勤奋,他有"顺手牵羊"的拍照习惯,比如今天出门拍茶园,回来后相机里肯定不只有茶园的照片,沿途总会走走停停,遇到好的画面,他就停下来拍上一番。二〇一九年年初,他前往金光湖拍摄莲花褒歌赛,当天是个好天气,山里云雾缭绕,恍若仙境,"这么多年来,头一回在金光湖碰上这样的好天气",他拍下了难得一遇的云雾金光湖。事实上,多年前,金光湖的亮相,也是出自何东方之手。

当地村民打听到何东方拍照技术好,专门找到他,希望能一起进山拍照,将养在深闺人未识的金光湖推介出去。何东方二话不说就进山,山里野草丛生,当时还是靠着一把柴刀开路,何东方拍出金光湖"美在自然,妙在原始"的底色,为金光湖景区的开发提供了第一手影像资料。

有一年,何东方拍摄同安土楼专题,他先后拍了阳翟土楼、庶安土楼、溪后土楼、德安土楼等,其中德安土楼也称德安古堡,尚未开发。何东方在古堡主人许木生的帮助下,用镰刀割草,一头钻进土楼里拍照,记录下德安古堡最为原始的一面,也为几年后德安古堡开发成旅游景区奠定了基础。

"拍照必到现场,到了现场,还不能只用眼睛去看,用镜头去记录,还需要扎实的现场采访。"从事新闻摄影工作多年,何东方对最初的一次约稿记忆尤深。在二十世纪九十年代,作为业余通讯员的何东方应报社约稿,赴翔安大嶝岛拍摄紫菜丰收的场面。他兴致勃勃地赶到大嶝岛,可是没找到大量采收紫菜的地方,无意中他在一处水坝的斜坡上,看到大量晾晒用于养紫菜的绳子,绳子上挂了不少紫菜,何东方误将其当成丰收的紫菜。隔天,这张照片刊登在报纸上,立马有读者打来电话纠错:"那照片,哪里是丰收的紫菜,那是养紫菜的绳子,真正的紫菜已经收割完了,残留少部分紫菜在晾晒绳上。"

"虽然第一次在报纸上出错,对我的摄影生涯来说,却是一件好事。"何东方十分在意并引以为戒,后来当上摄影记者,他更加严格要求自己,"摄影记者不是拍出好照片就可以了,也要像文字记者那样扎实地采访,与被拍摄者充分沟通。"

四

对何东方而言,摄影不仅很快乐,还带着庄严的使命——记录历史瞬间,为历史存档。二〇〇三年四月,何东方调往同安区委宣传报道组,从事摄影记者工作至今,二〇二〇年九月就退休,从业十六年来,何东方保持着高产状态,每年见报的新闻摄影图片上百张,陆续刊登于《厦门日报》《厦门晚报》《福建日报》等省、市主流媒体。

多年前,何东方和报道组文字记者叶少静进山采访,地点在云雾缭绕的白交祠村,这里是厦门海拔上千米的高山村,刚好赶上白交祠地瓜的采收季。在村口的地瓜田里,一家三口正在采收地瓜,不少地瓜被刨出土面,地瓜还连着藤,那一年地瓜收成特别好,农民们笑逐颜开,何东方拍下的镜头里,一家人双手捧着连着藤的丰收地瓜,一脸喜悦,农民质朴的笑容令人印象深刻。这张照片隔天登上厦门主流媒体的头版,几天后,该新闻图片被《人民日报》采用刊登。一张新闻照片,改变了白交祠地瓜的命运。之前,品质上乘的白交祠地瓜一公斤一元也卖不动,经过媒体的广泛报道,白交祠地瓜声名鹊起,订购电话源源不断,此后每年白交祠地瓜还未上市就有电话预订,价格水涨船高,一公斤六元,不托关系还买不到。

每年逢年过节,何东方的手机总会收到来自黄荣川的祝福短信,黄荣川是三胞胎女孩的父亲,两人因新闻摄影结缘。二〇〇八年七月十三日,黄荣川的三胞胎女儿出生,当时三个孩子早产,家庭经济条件也很一般,要救活三个孩子需要一笔不小的支出,何东方得知情况后联系《厦门晚报》记者,抓拍到三胞胎手握手称重的画面,隔天《厦门晚报》以《三胞胎早产,手握手称重》为题刊发报道引起关注,短时间内爱心单位捐款数万元,帮助三胞胎姐妹顺利脱险。此后,三胞胎姐妹求医、就学等问题,何东方都牵线搭桥,竭尽所能帮忙,在相关部门和爱心企业帮助下,目前三胞胎姐妹很快就要上初中了。

无独有偶,几年前,同安汀溪镇造水村村民江水法的女儿不幸患上白血病,年迈的江水法为了给女儿筹钱治病,准备将自建的唯一房子出售。在何东方的摄影镜头下,头发花白的江水法一脸愁容,戴着口罩的女儿正值芳华,悲悯之心令

人动容。在何东方的帮助下，房子虽没卖出去，却筹集到善款，如今江水法的女儿康复了，还找到一份体面的工作。

"用镜头记录历史，我们虽然不是拿枪的战士，摄影人却有着自己的使命和担当，通过相机，留住最真实、最美的瞬间。"何东方讲述，一九九九年十四号台风席卷厦门，损失惨重，给厦门人民留下难以磨灭的记忆。一周后，他出差从北京返回厦门，在大嶝岛的一处溃坝拍下灾后重建的场景，照片后来入选厦门市人民政府出版的抗击台风主题画册。

"大自然的破坏，我们对灾难等突发事件的记录，主动意识还不够。"时隔多年，二〇一六年"莫兰蒂"超强台风袭击厦门，灾后第一时间，何东方扛着相机就出门了，同时通知摄影协会的伙伴们，救灾的同时不忘拍照，他们拍摄下大量的灾后重建照片，不仅为抗灾重建主题影展提供大量的照片，也留下同安抗击台风"莫兰蒂"重建家园的珍贵档案。

"摄影，不是一群人围着同一个目标拍摄，也不是'后期制作狂'。"他深刻地认识到，作为一名摄影人，不仅仅要创作美好的作品，给人以美的熏陶，还要用镜头记录下历史的真实瞬间，留住历史，启迪后人。这是摄影人的使命，也是新闻摄影的魅力和力量。

> 知人之鉴

李世雄（中国摄影家协会艺术委员会委员、福建省城市摄影协会主席）

改革开放至今，正好是摄影媒式从象牙塔尖走入千家万户的剧变时期，中国社会在这期间悄然衍生了一族被称为"摄影人"的"另类精英"。从经济最困难的二十世纪八十年代到资讯发达的二十一世纪网络时代，他们与时俱进几十年，用手中的相机服务社会，用执着的追求带动人群，用热心的付出推动公益，以全方位的艰辛的摄影活动贡献社会、精彩人生……这种时代赋予特质的"摄影人"真的不可多得，以后也很难再有了。何东方正是这样的"同安摄影人"。

陈伟凯（中国摄影家协会会员、福建省摄影家协会常务理事）

一个摄影家，不仅是操操相机，出出几幅作品，更重要的是要有情怀，有理

想，有责任。何东方老师深耕摄影三十多年，一腔热情倾注于摄影的教育和组织工作，无怨无悔，为同安区的摄影事业做出积极的贡献，以自己的实际行动践行着扎根人民，抒写人民，用心用情用功为人民的使命担当。

人物名片：

何东方，一九六〇年九月出生于同安，中国摄影家协会会员、中国摄影著作权协会会员、中国职工摄影家协会会员、高级摄影师、摄影记者，福建省华侨摄影学会常务理事，厦门市摄影家协会艺术创作指导委员会委员，厦门市职工摄影家协会副主席，同安区摄影协会副会长，同安区职工摄影协会会长，同安区老年大学摄影学会名誉会长、顾问。摄影作品曾在《中国摄影报》《人民摄影报》等专业刊物刊登，二〇〇三年四月至今，上千幅新闻摄影作品，刊登在《人民日报》《福建日报》《文汇报》《大公报》《厦门日报》《厦门晚报》《海西晨报》《台海》杂志等市级以上媒体。

宋永贤：
阮厝的溪，溪水流真远
——福建省曲艺家协会副主席、曲艺名家

宋永贤，从事群众文化工作，广涉文学、戏剧、曲艺、歌词、书法，在这些领域创作出一批好作品，影响了一批人。厦门电视台首席导演、音乐家高宏斌评价："永贤和他的作品，是一种现象。这种现象不仅会激活而且改变这里的文化生态，还会产生极其良好的示范性和引领性。"

多年来，宋永贤致力于厦门地方非物质文化遗产项目表演类的编创和研究工作，创作了大量曲艺、童谣以及其他舞台剧本等，传承并发展同安文化，产生了较大的影响力。不过，他却自嘲是"三非人士"——非主流、非专业、非名家。其书法落款为"三远堂主人"——远小人、远名人、远名利场，折射其淡泊明志的处世之道。

一

从小爱书，小学五年级，宋永贤读了第一本小说《鹌鹑》。"第一次看小说，就被深深吸引住了。"他毫不掩饰当年对书的狂热，那时能读到的书却十分有限，到宋永贤手里的书，经常连封面和封底也没有。埋头看小说，宋永贤把上课的时间也用上，书不时就被老师没收走。被缴的书往往都是借来的，怎么办？宋永贤却不以为然，他总能找到村里有声望的人把书给讨回来。

每天放学回家要帮忙干农活，路上有半小时，回家总要经过一片相思树林，宋永贤就躲在相思树下如饥似渴地读小说。"锈迹斑斑的家乡路，弯了又弯，沿路是弯了又弯的小溪。无风的日子，鹅黄色的相思花照样飘下，每一朵都有自己的乳名。"他的诗集《城乡结合部》收录这一首《相思花》。回家干农活，准备猪饲料，割草，喂养鸡鸭，或到地里，帮忙把地瓜、水稻等农产品挑回家，"以前的人不怕饿，就怕让猪饿了，猪是全家人的重要生活来源。"

一头扎进书堆，读初中的宋永贤养成夜读习惯。那时一家人住一个房间，家里的油灯灯芯很细，到了半夜两三点，母亲一觉醒来，屋里的小油灯还亮着，宋永贤仍在挑灯看书。爱看书的不只是他，哥哥宋永裕也是如此，"我喜欢看书，其实是受哥哥的影响。"哥哥是仓管员，经常守夜，兄弟俩就轮番看书。宋永裕守夜，夏天开门，打着地铺，隔一会，宋永贤跑进来问："这本书你看了那么久了，

充满乡土情结的宋永贤

该轮到我了。""你等下,半小时再来。"半个小时过去了,哥哥还在看。"我只好等哥哥睡着了,才把书偷取来看。"

从中学起,宋永贤尝试创作,成为一名业余作者,写小说、诗歌。二十世纪八十年代,同安县召开业余作者座谈会,参会的宋永贤仅二十岁出头,平时常向《同安文艺》投稿。那时,同安举办过一次现代小戏征文比赛,宋永贤作品参赛并获奖,通知他参加改稿会,不少评委当面夸赞宋永贤的作品。"这次比赛,我受到了很大的鼓舞,后来就考虑创作转型,从写散文、诗歌、小说,到把重点放在曲艺上,转型写小戏、曲艺。"年轻的宋永贤的才气,引起原同安县文化馆馆长杨康的注意,杨康是写剧本搞创作的,他从作品里读出宋永贤的过人之处,在他的鼓励下,宋永贤走上了创作转型之路。

二

二〇〇〇年,因工作调动,宋永贤到同安区文化馆上班,他如鱼得水,参与组织开展曲艺、戏剧创作活动。曲艺、戏剧常被人误解为"老人文艺",因工作关系,宋永贤常去同安一家印刷厂,在厂里小姑娘印象中,曲艺作者都是上了年纪的老人家,没想到一见面,小姑娘瞪大了眼睛,"多产"作者宋永贤竟如此年轻,那时他不到四十岁。

从业余作者到专业作家,宋永贤在专业成长道路上遇到不少恩师,翔安人王泗水就是其中之一。在宋永贤眼中,王泗水是难得一遇的曲艺名家。王泗水家住新店镇珩厝社区,没见面前,宋永贤就听很多人说起:"下海的王泗水很有钱,早就不写东西了。"

组织作者创作,是宋永贤的本职工作。"你写得这么好,现在不写,实在太

宋永贤和他的书法作品

可惜了!"宋永贤试图动员王泗水。听说王泗水爱喝酒,每天起码喝两餐酒,为了说动他,宋永贤琢磨了一番。他称,这辈子喝得最早的一次酒就是与王泗水。约好见面那天早上,王泗水搭公交从新店到同安城,七点半就来到同安区文化馆,两人畅谈完才九点多,宋永贤邀王泗水留下来喝酒。午饭时间没到,两人还是在快餐店找到一个角落,叫上几个下酒菜,白酒喝了一个多小时。见面三分情,经宋永贤动员,二〇〇〇年以后,王泗水又先后创作了几十篇曲艺作品。事实上,王泗水下海后,已中断创作十多年。

在王泗水新创作的几十篇作品里,每一篇宋永贤读得很认真,"在业余作者中,王泗水曲艺作品的艺术性极高,语言非常灵动,唱词很有地方特色,想像力尤其丰富"。他说,王泗水的作品,构思设计、矛盾冲突、语言技巧等方面,艺术水准高,从中可见很多即将消失的民俗,充满地方特色。宋永贤不仅学习、研究王泗水作品,也跟他合作创作,这对宋永贤作品艺术性的提高,起到了很大的作用。

除了王泗水,宋永贤对陈令督崇敬有加,他已年过九旬,曾是《同安文艺》编辑。宋永贤说,陈令督对许多年轻作者有扶持、提携之恩,自己也受益匪浅。陈令督亲自指导宋永贤的曲艺技巧,为其修改唱词提供专业帮助。

从已故厦门方言讲古市级非遗代表性传承人汪宗辉身上,宋永贤学到地方语言的正确规范用法,尤其是闽南语表达,有时为了写好一个作品,宋永贤要打十多个电话向汪老师请教,汪宗辉不厌其烦,他夸宋永贤:"很多年轻人不写这个东西,你不一样,很坚持!"

宋永贤得到过许多人的帮助,他也同样帮助了许多人,尤其提携年轻作者。早在二〇〇五年,同安区书协成立,宋永贤被推举为首任会长。"这在意料之中,他的组织协调和动员能力强,他公正无私,得到大家的认可。"时任同安区文联秘书长张荣森回忆,上任后的宋永贤,第一件事就是组织厦门市书协同安分会首届会员(临帖)展暨特邀名家笔会,来自河北、浙江、深圳等地的书画名家共襄盛举,展览和笔会的规格、质量,当时在厦门属罕见,之后同安区书协经常有活动,为同安书法爱好者搭建了良好平台。

三

闻鸡起舞,宋永贤是一位自觉的创作者,清早四五点起床,一直创作到早上九点。为寻找最佳的创作状态,避免干扰,他常常躲进宾馆写东西,比如到邻近的泉州永春、漳州长泰闭门创作,最长时,他在宾馆一住十多天,连续赶两三个作品,短时间集中精力赶稿件,宋永贤习惯了这样的创作节奏。

二〇〇〇年以后,宋永贤进入创作的高产期,谈及创作,"为什么会写?无他,我自己想写而已,创作可以寄托情感,记录生活和时代"。他始终认为,这是群众文化工作者应有的担当:"我每天都在回忆和思考,经常有准创作的状态,这是一种下意识的想法,我不想浪费时间,不喜欢闲聊,没必要无所事事。哪怕今天没有事,也要拿起毛笔来练字。"

时间,宋永贤看得很重:"小时候勤俭惯了,连时间也要节俭。"他专注于自学,爱琢磨、学习别人的作品,他阅读国家级期刊《曲艺》《剧本》《中篇小说》等长达几十年,在广泛的阅读中学习:"你的思维如果没有持续学习,如果没有文化底蕴,艺术性的提高就会有局限。"

"我从小说里学习构思、设计故事、刻画人物,这些方面,小说家是一流的。"

"曲艺里的唱词,要有诗意的东西,诗歌能够帮助你创作歌词。"

"童谣,就是儿歌,需要文学的滋养,创作的层次才能提高。"

"我不是纯粹的文本创作者,在我脑海里有画面感,歌词朗朗上口,音律性强,作曲很顺,我在写时,不能把困难留给作曲人,而我写舞台节目,要留给导演、演员发挥的空间,对编排、作曲等,尽量做好沟通。写的东西多了,成形以后,就要考虑到结果,要对作品负责。"

生于二十世纪六十年代,宋永贤认为,自己是一个不容易改变的人,可是如今年龄越大,想法却越多。他说,在创作上必须有创新精神,"所有的艺术,最可贵的就是新,这是我对艺术的追求。新,不等于丢掉传统,表演形式、作品构思要有新的东西,难也就难在这里"。

宋永贤的"新",不仅体现在创作构思上,他的"新",还扎根于同安公益的深厚土壤中。"风中,诞生我们的乳名,雨里,培育我们的心灵,志愿路上,脚

步不停。"一首《就爱您》，朴素又深情，这是同安区"920·就爱您"志愿服务联盟歌，词作者是宋永贤。二〇一六年"莫兰蒂"台风过后，他创作出《最美的本色》《阳光里，风雨里》《会有星光为你闪烁》等系列公益歌曲，其中《阳光里，风雨里》是厦门青年志愿者之歌。这些作品简练、朴素，全部为公益创作，后被广为传唱，成为公益符号。

四

二〇一八年年底，《同安曲艺作品选》由厦门大学出版社出版，书中收录作品以曲艺为主，这些作品时间跨度大，从二十世纪八十年代至今，涵盖了三十多年来大同安（包括今翔安区）曲艺作者的代表性作品，兼顾不同曲种。宋永贤是该书执行主编，前后历时三年，该书出版具有档案价值，很多作品从旧刊物上搜集，从同安文化馆的资料库里寻找，经多方征集，这些优秀作品，也为年轻的曲艺作者提供了写作范本和地方语言资料。

事实上，二十世纪八十年代末九十年代初，同安曲艺的繁荣时期，曲艺创作队伍强大，曲艺作品量多、水平高。据不完全统计，活跃在大同安的曲艺作者有三十余人。宋永贤忧心忡忡，随着经济大潮的冲击和现代文化、时尚艺术的影响，曲艺这种传统、乡土的文化品种创作队伍老化，传统文化艺术氛围日渐式微。即便是现在，同安比较活跃的曲艺作者、曲艺表演人员与鼎盛时期相比，仍不可同日而语。在地方文化生态系统中，曲艺、戏剧、闽南童谣被边缘化，目睹如此现状，作为地方文化工作者，宋永贤尝试去改变这样的文化生态。他通过持续创作、创新传承、守护阵地，让地方的文化生态有了新的活力和张力，展现同安文化的新气象。

二〇〇〇年以后，宋永贤先后为厦门市几十所中小学幼儿园创作大量闽南童谣、说唱节目，亮相于各级各类舞台上，地方传统文化在学校扎根、生长、传承。

闽南童谣《等新娘》是宋永贤的代表作品，也是他创作的第一首闽南语歌曲。他说，二十世纪九十年代，偶然间看电视剧，画面中一堆人凑热闹看农村娶亲，乡情浓郁的场景，往日生活的片段，勾起了他的回忆，灵感顿时

闪现。

"等新娘，等新娘，等到日斜西；新娘来，新娘来，囝仔目珠利；新娘水，新娘水，头花插规排"，《等新娘》这首歌很快火了，不仅被音像出版社收录，还漂洋过海到东南亚交流演出。宋永贤说，有时参加婚宴，酒席间飘出的《等新娘》歌声分外熟悉，原来这歌也被各大婚庆公司作为招牌音乐。让他自豪的是，二〇〇八年这首歌由同安区第一实验小学排演，获得了创作和演唱的双料冠军。

"阮厝的溪真够长，溪水流流真远，流过山脚流过村，流入鱼塘流入园，溪水沃菜园，油菜开花花色黄……"闽南童谣《阮厝的溪》，是宋永贤上班途中偶得，他一早去文化馆，都要途经同安新西桥，桥下常见女人们在西溪浅流中浣洗衣服，"我想到了开头这两句，联想起了画面，到了文化馆办公室，初稿就写出来了，当框架找对了，很多作品就写好了，《阮厝的溪》让我仿佛回到家乡的九溪，想起了我的老家和我的童年。"这首歌后来由同安进修附小排演，成为世界同安联谊大会的重要节目，获得厦门市第十九届"鹭岛花朵"少儿文艺汇演金奖。

以宋永贤为代表，同安创作的闽南童谣作品，在厦门全市产生较大的影响力。不但有传承，还有创新，特别是新编闽南童谣，无论量还是质，都受到业界好评，宋永贤创作的闽南童谣更是获奖不断：《年兜》荣获"魅力校园"第七届全国校园文艺汇演暨第十二全国校园春节联欢晚会节目评比金奖、厦门市第五届群众文化艺术节少儿组第一名；《红砖仔埕》荣获厦门市首届学校闽南文化展演一等奖；《咱厝的榕树》荣获厦门市第二届学校闽南文化展演一等奖；《阮兜叫集美》荣获厦门市第二届学校闽南文化展演一等奖；《三月好时节》荣获厦门市第二十一届"鹭岛花朵"少儿文艺会演金奖等。

值得一提的是，由省文联、省教育厅主办，省曲艺家协会承办的福建省曲艺"丹桂奖"大赛，从第一届到第五届的原创曲艺节目中，宋永贤作品拿下五个一等奖和三个二等奖。

知人之鉴

曾纪鑫（国家一级作家、《厦门文艺》主编）

凡熟悉永贤的人，都知道他多才多艺。他是一位名副其实的创作多面手，诗歌、散文、评论、报告文学等文学体裁，小戏、小品、曲艺、歌词等舞台艺术形式，均有涉猎。他"行走"在不同文艺形式之间，在生活的提炼、主题的把握、角度的寻找、意蕴的挖掘、语言的表达等方面总是严格要求自己，不断突破、不断超越。这种"永在路上"的探索与创新，使得他内心充实、激情盎然、活力四射。

高宏斌（厦门电视台首席导演、音乐家）

宋永贤的诗有些"土"气，但认真揣摩，却发现粗中有细，柔中有刚，俗中见雅，平中见奇。他的诗，有一种乡村父辈人淡淡的烟草味，有一种对逝去的岁月隐隐的牵挂，更有对现代生活一种轻轻的反抗与拒绝。宋永贤的小戏作品在厦门乃至全省都有相当的影响力，他的戏曲创作起步较早，成绩也突出，小戏、小品、曲艺、歌词、闽南童谣等创作，不仅产量丰富，而且质量很高，他的作品有着广泛的生活体验和独到的艺术表现力。

张沧海（原同安县文化局局长）

宋永贤的文学艺术创作涉及的领域相当广泛，诗歌、戏剧、曲艺乃至书法，都有所成。频频获奖，光环颇多，但我感受最深的还是他的小戏创作。本土戏剧创作人才日渐式微，外来人才无法补强，出现明显的青黄不接，甚至断层危象。仅这一点，我们要特别地感谢宋永贤，不弃不离，独力支撑着本土的小戏小品创作。在当下这种消费文化与时尚文化甚嚣尘上，宋先生却埋头小戏小品创作，"走在窄窄的田埂上"，寂寞地执着追求。

张荣森（同安区文联原秘书长）

永贤对同安文化的振兴功不可没。他的作品注重闽南文化的传承，具有鲜明的地域特色，他的创作，始终没有离开过基层生活和群众视角。透过他的作品，其思想层次高，画面感强，既能让人会心一笑，又被其艺术水准所折服。他为人亲切又嫉恶如仇，作品既有引领作用，又团结、鼓舞一大批文艺爱好者，让人倍感温暖。他富有正义感，爱憎分明，对哗众取宠、随波逐流现象不屑一顾。

人物名片：

宋永贤，笔名浦溪，出生于一九六〇年。对文学、戏剧、曲艺、歌词、书法、评论等皆涉及，创作了大量曲艺（包括说唱、南音、答嘴鼓等）、歌词、童谣以及其他舞台剧本等。

作品多次获国家、省、市级奖项。连续五届在福建省曲艺"丹桂奖"大赛中获奖，共获一等奖五个、二等奖三个，有两个作品参加全国比赛，两个作品参加全国展演；小戏小品等在华东六省一市专业比赛中获四个银奖；闽南童谣数十次在厦门市"鹭岛花朵"、海峡两岸"读册歌"等比赛中获奖。有节目在中央电视台等播出，有曲目选入音像出版社出版物。

诗歌、散文、短篇小说、评论、剧本、书法等散见于《诗刊》《中国诗歌》《剧本》《海峡曲艺》《福建文学》等报刊。出版个人作品集多部。主编或参与编撰文学文艺、民俗文化、校本教材、书画艺术等作品集十多本（套）。

现为中国戏剧家协会会员、中国曲艺家协会会员、中国音乐文学学会会员、福建省曲艺家协会副主席、福建省作家协会会员、福建省书法家协会会员、厦门市文联文学艺术委员会委员。

黄亚彬：
牡丹传情，剪云披雪蘸丹砂
—— 厦门知名牡丹画家

厦门唯一的同安孔庙内,时常可见一个身影,穿着衬衫,一身儒雅,穿梭于大成殿和廊庑,为青少年学生讲解同安历史沿革和地方名人,补上地方历史这一课。他是同安区博物馆宣教负责人黄亚彬。其实,他还是一位以牡丹画见长的画家。

来到画桌前,黄亚彬不动声色地提笔,转眼之间,剪云披雪蘸丹砂,他笔下的牡丹,立体生动、色彩斑斓、雍容华贵。"国色朝酣酒,天香夜染衣",牡丹素有"花中之王"美誉,牡丹画被赋予盛世风范。黄亚彬的作品常被作为礼品,漂洋过海,成为招商引资、乡亲联谊的文化纽带,受到海外华侨的认可。

一

画室内,一张方桌,一台老旧收音机,发出嘶哑的声音,听着广播的黄亚彬屏气凝神,一笔一画勾勒心中的牡丹花,落笔生花,一朵朵牡丹在白色宣纸上晕染开来,每一片花瓣都在变化,有的俏皮,有的含蓄,有的奔放,朵朵牡丹绽放,雍容而华贵。他擅长画牡丹,笔下的牡丹色彩对比强烈,活灵活现。

艺术源于生活,又高于生活。黄亚彬讲述,二十世纪九十年代刚学画牡丹时,画出的牡丹就像蔫了一样,没有生机活力。为此,他多次前往"牡丹之都"洛阳观赏牡丹,用眼睛和心灵与牡丹对话,他捕捉牡丹的生动细微处,每看一回牡丹都有新的收获。在他眼中,最美牡丹莫过于如此:当微风轻拂,牡丹的每一片花瓣飘逸起来,生机盎然。让灵动的牡丹跃然于纸上,更有立体感,一直是黄亚彬的艺术追求。

二〇一六年的洛阳赏花之行,为他的艺术创作提供了养分。四月的洛阳大雪覆地,友人引他到龙门石窟附近牡丹园,连绵大雪,目光所及,白雪皑皑,气温在零下十度左右,进园后,整园的牡丹并非朵朵绽放迎远客,相反,一株株的牡丹花下,满地花瓣零落成泥。

黄亚彬看见另类的牡丹风情:白雪妆点银灰色的花枝,个别花枝上抽出胭脂红嫩芽,汁绿色的花茎在风雪中凌寒而立,像极了傲雪的梅花。"不曾想到,一向雍容华贵的牡丹,在冰冷的风雪中,还有这样一番风采。"眼前的牡丹,花枝

如铮铮铁骨，花龄上百年，在白雪中绽放出惊艳的生命力。这让黄亚彬深深震撼，"深入生活去观察，艺术创作才能有新的营养"。

二十多年来，无论多忙，黄亚彬每天坚持两个小时以上的创作，多的时候一天十来个小时，他把自己关在画室里，连续画上大半个月。多年来已累计创作牡丹画上千幅，冷暖对比、虚实结合、色彩变化、大小延伸……黄亚彬笔下的牡丹花立体感强，色彩对比强烈，展现旺盛的生命力。

二

画一幅好牡丹并不容易。黄亚彬坦言，二十世纪八九十年代长期布展，为他画好牡丹打下基础。他原是一名美术老师，因做工细致、推陈出新，常年被抽调负责政府招商引资和大型展会的布展工作。在第二届世界同安联谊大会上，他负责舞美，反复二十多次修改推敲，最后海内外嘉宾好评如潮。

"有了长期大型舞台的锻炼经验，当宏观立体形象回归到纸面上，创作就能游刃有余。"黄亚彬创作的牡丹花，细腻而不乏大气，常有大场景的创作，比如同安区政府会堂墙面上的大幅牡丹，近四平方米的大幅牡丹画，画面上的牡丹花多达几十朵，每一朵各具风姿，"高楼大厦离不开一砖一瓦，大幅牡丹画同样与每一朵细致入微的牡丹花息息相关"。

很多人因为牡丹画才了解黄亚彬，事实上，他并非只画牡丹，他的花鸟画、山水画、人物画也很出色，"将山水画的大视野，植入牡丹花的创作中，在用笔用墨上取长补短，就好比摄影中的特写与大场景的结合。"他在探索中求新求变。

二〇〇五年，梵天禅寺厚学慈善会举办义演义拍公益活动，向厦门地区的书画家征集作品，热心公益的黄亚彬选了两幅牡丹画参加义拍。第一张以四千元高价被人迅速拍走，得知后，他当晚回家又将家藏的牡丹画装裱了两幅参加义拍，结果又被买走两幅。没想到牡丹画如此抢手，主办方赶紧将最后一幅牡丹画收藏于梵天禅寺中。

牡丹画是繁荣时代的文艺载体，很好地表现喜庆的精神风貌。黄亚彬以对传统文化的理解，注入每一幅牡丹画中。他的牡丹画、山水画颇有名气，常被政府

黄亚彬和他的满墙牡丹

选为文化礼品,用于招商引资、海外乡亲联谊、文化交流等。政府有需求,他随时"应急作画",为同安的对外交流做出了文化人的贡献。

三

文物,同安文化的珍贵实物史料。作为同安区博物馆宣教负责人的黄亚彬,以文化人的情怀与责任,热心于同安文化的保护与传承。平时,区博物馆馆区的陈列设计到讲解接待,他事必躬亲。为了顺利征集珍贵文物,他还以牡丹画赠送给热心文物征集的市民。

二十世纪九十年代,年久失修,同安孔庙本身的功能几近丧失,民众要瞻仰孔子先师有难度。身为同安区政协委员的黄亚彬连续五次提案,呼吁恢复同安孔庙的功能,并以此带动同安文化旅游。他锲而不舍的努力,得到同安区委区政府的重视,二〇〇七年,投资约两千万元的同安孔庙及其周边整治工程动工,修复后的同安孔庙目前已是同安最具代表性的人文景观。

在同安孔庙孔子塑像前,不少外地甚至本地幼儿园小朋友,来到孔庙参观却叫不出孔子的名字,甚至误把孔子当成圣诞老人,这让黄亚彬深受触动。为了让年青一代更深入地了解同安深厚的历史文化底蕴,多年来,黄亚彬在孔庙为学生讲解同安地方历史文化,目前已累计有几十万人次的学生来参观,"同安孔庙,要成为展示同安悠久历史,传承地方文化的窗口"。

同安文物古迹众多,不少古石碑、古匾额需要保护。黄亚彬通过专业技能,助力文物古迹保护。二〇一七年,同安新民镇禾山社区康氏祖墓搬迁时,发现一方珍贵的墓志铭,禾山社区及老人协会决定将这方墓志铭捐献给同安区博物馆。区博物馆闻讯后赶往禾山社区商榷接收事宜,博物馆同意将墓志铭拓印若干份分别回赠禾山社区及相关宗亲收存纪念。黄亚彬负责禾山康氏祖墓墓志铭的拓印工作,为顺利征集墓志铭发挥重要作用。此外,在保护"同民安""苏颂故里碑""唐公堤"等代表性文物石碑等方面,黄亚彬也一丝不苟。

黄亚彬认为,同安是一座有文化底蕴的千年古城,至今却没有一座真正意义

同安孔庙是黄亚彬工作的地方

上的博物馆，同安区级博物馆的建设应尽快提上日程，让仓库里尘封的文物重见天日，有集中对外展示交流的空间，让一件件实体文物，来讲述同安深厚的文化积淀。

知人之鉴

何丙仲（厦门市博物馆原副馆长、文博研究员）

我曾在老友的高斋拜读过亚彬所作的牡丹花图，诧其不生在牡丹之乡，却能把它画得如此笔墨轻而不浮，色彩艳而不俗，颇得任伯年、张书旂及宋省予等诸前辈之旨趣，心仪之。及见，乃恂恂然儒雅青年也，不知竟痴迷于牡丹许久之久。于是每过同安，必到馆中观其牡丹新作，每次都为他获得新的神韵，新的意境而由衷高兴。他人不张扬，画也不张扬，得闲只是默默地想牡丹，画牡丹。

人物名片：

黄亚彬：一九六二年三月出生于同安，厦门知名牡丹画家，省美协会员，毕业于集美师专美术系（集美大学艺术系前身）。一九九〇年转调同安博物馆工作至今，历任第八届同安县政协委员、第九届同安县政协常委，第十四届、十五届、十六届同安区人大常委会委员。

从小在同安县文化馆美术老师张厚进、严宗珍启蒙下研习素描、国画。大学期间师承林金定传授花鸟画，注重传统绘画艺术，尤擅绘制巨幅牡丹，作品流传海内外。出版《黄亚彬牡丹画集》，作品《笑问客从何处来》入展全国中国画大展、《牡丹》获"海峡杯"全国书画作品展二等奖、《闽南山村》入选原中国文化部在法国举办的"中国现代水墨画大展"、《牡丹》入选原中国文化部、中国美协举办的"世界华人书画展"、《故乡山水》入选联合国教科文组织提名的"中国水墨花鸟画展"。

潘正洲：
一路追梦，为军民放歌
——厦门红盾之声、同安歌唱家

　　从军二十六载,他一路追梦,从战士中来,到战士中歌唱,有海军战士的地方,就有他的歌声,歌声唱红军魂赤子心。"你下你的海呦,我蹚我的河,你坐你的车,我爬我的坡,既然是来从军呦,既然是来报国,当兵的爬冰卧雪算什么,什么也不说,胸中有团火……"潘正洲演唱的《什么也不说》动人豪迈,昂扬励志。

　　转业后,潘正洲扎根同安,十三年来,他坚持为同安献声,提高同安的文艺水平。潘正洲虽然已是国家二级演员,还常常下基层,为战士歌唱,为群众歌唱,哪怕是过年,他宁可不回家,也要为山里的群众献歌,他说,这是他的艺术追求和人生坐标。

一

　　二〇〇六年,潘正洲脱下心爱的军装,穿上光荣的工商服。"作为一名红盾卫士,我深感头顶国徽、肩扛红盾的重任,深知'为人民服务'这五个字所承载的光荣使命。"十三年前,潘正洲刚转业到同安工商局(现为同安区市场监督管理局)工作,第一次参与"一二三一五"活动走进同安郭山村,不少菜农闻讯而来,一首抒情温婉的《母亲》,令现场掌声不断。"把艺术送到最基层,才能打动人,送到百姓当中,才能感染人。"虽然这只是潘正洲在同安的首次舞台亮相,不过,"同安工商局来了一位国家级歌手"的消息不胫而走。

　　"红色的盾牌,市场的卫士,金色的国徽,人民的重托,我们在市场巡查监管,公正廉明、刚正不阿。"这是潘正洲创作的同安工商之歌《风雨相随》,唱出同安工商人的百姓情怀和一身正气。他陆续创作了歌曲《银城工商之歌》《厦门工商之歌》《和谐工商》,还创作了小品《放心肉》及配乐诗朗诵等十多个反映工商工作、关注民生的文艺作品。他坚持"写工商,唱工商,演工商",立足专业,竭尽所能,以文艺服务工商工作。

　　艺术源于基层,源于群众。潘正洲在协助分管"一二三一五"消费维权工作期间,亲力亲为,年年办"一二三一五"消费者权益保护日暨法律法规宣传活动,设立一百七十四个消费维权站,初步建立覆盖同安的消费维权网络;协助分管市

场和合同监督管理工作期间,举办同安区首届农村经纪人品牌农产品推介会、同安品牌农产品与超市对接现场会等。他深入一线,创造性地开展工作,深入市场,护航食品安全,这些来自基层的切身体验,给了潘正洲创作和歌唱的灵感,"来自基层体验的文艺作品,更能打动人,感染人,以文艺的形式下基层,群众喜闻乐见。"

二

二〇一九年二月,"中国最美休闲乡村"同安莲花镇军营村举办乡村春晚,千米高山上的军营村,大年初一的这场"村晚",吸引了潘正洲,他带着四名学生在现场五曲连唱,"他们邀请我两三年了,我欠这里的乡亲们一次演出,因此今年春节我不回老家,专门来给乡亲们唱几首歌。"潘正洲的老家还有年迈的老

潘正洲年轻时舞台演出照。受访者供图

母亲,之前每年都回家团聚,今年他为同安高山之上的乡亲们破了一次例。在二〇一八年,扎根同安多年的潘正洲获评"十佳最美新同安人"提名奖。

潘正洲热心同安文艺,为培养本土文艺新秀不遗余力,只要有利于活跃同安文艺氛围的活动,他都欣然参加,他长期应邀为同安的群众性文艺活动提供专业指导,勉励、挖掘年轻文艺骨干。有一次同安工业区组织职工歌手赛,在园区工作的一位小伙子天生一副好嗓子却没能获奖,演出后潘正洲点评鼓励歌手,"你本来可以拿大奖,却因为缺乏一个完整作品很可惜,每一个作品就是讲述一个动人故事,不在于你嗓子有多好,而在于上了舞台,你能够讲好故事、传递真情"。

十三年来,拥有丰富舞台经验的潘正洲热心于组织、策划、编导各类文艺晚会,担任评委和艺术指导,多次参加世界同安联谊大会和闽台民间文化艺术交流。潘正洲说,同安文化底蕴深厚,不缺文艺人才,缺的是高层次文艺人才。他从不收徒,更不收费,却乐于指导同安学生,接待慕名而来的大中小学生、音乐老师和社会音乐爱好者,"对别人哪怕有一点点帮助和提高,我都愿意分享和传授"。

潘正洲还热心为同安本土歌曲献声。"都说你花开红似火,花开红呀红似火,都说你开花火样红,开花火呀火样红"。这是同安新创作的歌曲《同安红》,歌颂了同安的三角梅,歌颂扎根银城沃土的"同安红"精神,二〇一九年这首歌还登上"学习强国"平台广为传播;"屋顶,可以被吹破,家园,一定不能被淹没,树,可以被吹倒,根,固守坚强的本色"。他演唱的歌曲《最美的本色》也被广为称颂,歌颂同安人民抗击"莫兰蒂"台风的英勇行为,讴歌了重建家园的同安精神。一首首本土原创歌曲,经过潘正洲的动人演绎,既传播了同安的精气神,也传递了众志成城的同安精神。

三

潘正洲从小有两个梦想:第一个梦想是成为一名歌唱演员。一九八九年九月,他考入福建师范大学音乐系进修班,二〇〇二年九月,考入中国人民解放军艺术学院音乐系,通过刻苦钻研,他的气息、发声技巧等日趋成熟。他的第二个梦想

是成为军人。一九八〇年十一月二十八日,他实现梦想,穿上海军蓝,走向蔚蓝色的大海。在二十六年的军旅生涯中,从一名普通士兵一步一个脚印成长为正团军官。

他的两个梦想在军旅生涯中交织升华。二十六年间,潘正洲坚持为海军战士歌唱,有兵的地方,就有他的歌声,他的足迹,遍及东海沿海和八闽大地驻海军部队的高山海岛、边防哨所、舰艇码头、机场,"我的艺术成长在部队,是部队的舞台造就了我,每当踏上山区、海岛的土地,看到官兵的艰辛和奉献,我情不自禁地想为他们歌唱"。

长期驻守高山海岛,一些官兵生活条件异常艰辛。潘正洲说,有的驻军在高山上,一年有三分之二的时间看不到太阳,看到的都是浓雾;有的海岛官兵居住条件艰苦,一到雨天,房子里外都有水。条件的艰苦,渴望文艺的温暖,他就经常下基层体验生活,不仅为战士们歌唱,还用文艺节目把官兵的艰苦生活搬上舞台,引发官兵共鸣。选择唱歌,就是选择艰苦。"我们文艺队台风天乘船颠簸上岛,

转业后的潘正洲成为一名工商人

就算嗓子哑了，唱破了嗓子也要为战士歌唱。"

如今即便是转业十三年，潘正洲也坚持年年下连队，每年到部队慰问演出三到五场，"回到了那熟悉的军营，心里感觉特亲切"。有一回到同安海岛驻军演出，主场的演出结束了，他又带着文艺小分队加演，请来了值班站岗的战士、炊事员，单独为他们歌唱，动人的歌曲唱哭了战士，唱出了战士的思乡情，唱出了战士的报国志。演出结束后，战士们纷纷加潘正洲的微信，尤其是热爱文艺的战士，还会拿出作品向他请教，他总不厌其烦，悉心指导。

知人之鉴

彭燕燕（同安区文化馆音乐干部）

他专业素养高，因为他的参与，同安文艺水平上了一个新层次，他还长期义务为群众文艺活动培训，主动给予建议和指导。他专业、热心，却一点架子也没有，让人感佩。

陈国河（厦门星海合唱团原行政总监）

不仅对同安，他对厦门文艺做了不少贡献，每有重大活动、重要演出，作为星海合唱团的主力男高音，他义不容辞。经过部队培养和科班训练，他业务精湛，为人谦和，大小舞台，他都很有亲和力。

人物名片：

潘正洲：出生于一九六二年七月，一九八〇年入伍，一九九二年六月，毕业于福建师范大学音乐系进修班，师从声乐教育家林立君教授；二〇〇五年六月，从中国人民解放军艺术学院音乐系毕业，师从著名歌唱家安华老师、李双江教授。潘正洲是海军东海舰队文工团原团长兼独唱演员，多次参加全军、海军及地方重大演出和声乐比赛，三次获海军文艺调演一等奖、华东地区二等奖、福建省二等奖等荣誉。二〇〇六年十二月转业到同安区市场监督管理局任局长助理、副调研员，同时担任

厦门市市场监督管理局红盾艺术团副团长,十三年来深入基层、企业、部队演出两百余场,多次被派遣到亚洲、欧洲多个国家,及港澳台地区进行文化艺术交流,担任领唱、独唱、二重唱等。二〇〇九年代表厦门市参加全省"迎国庆讲文明树新风"礼仪知识大赛荣获第一名。连续三年代表省市场监督管理局参加全省三届省直机关歌诵比赛,担任领唱和艺术指导,三次荣获金奖。

洪参议：
呕心沥血，拯救"大山的灵魂"
——同安莲花褒歌省级非遗代表性传承人

文章合为时而著，歌诗合为事而作，诗歌源自劳动，也源自人民。厦门有茶园的地方，就有莲花褒歌。在同安山区茶乡，流行传唱的男女褒唱山歌，称作"莲花褒歌"，如今成为厦门的一种在地文化现象。这种即兴演唱、包罗万千的山歌，经历了盛衰更迭，也唱出了山民对美好生活的向往。

"如果没有了山歌，大山就失去了灵性"，同安莲花褒歌省级非遗代表性传承人洪参议满腔热忱，用双脚丈量茶山大地，用心拯救复兴莲花褒歌，终让原生态的歌声响彻高山茶园，在如诗如画的山歌里，"饥者歌其食，劳者歌其事，思者歌其情，喜者歌其乐"。

一

群山环抱，茶园簇簇，山歌流淌。省级非遗代表性传承人洪参议自小长于同安区莲花镇小坪村道地自然村，在这个茶山环抱的村庄，茶歌历史悠长，世代流传，山民、茶农在劳动和生活中创造出来的即兴短歌——莲花褒歌，散发着浓郁的乡土气息，这种代代相传的原生态歌声，极具穿透力。据考证，莲花褒歌从明代嘉靖年间在莲花山区小坪及毗邻的安溪乡村流传至今。

洪参议讲述，莲花褒歌的演唱格式为每首四句，每句七字，句句押韵，也有部分为两句押韵。一般每首歌的第三句句尾用仄音，其余三句句尾则用平音，如此有利于褒歌在山间河谷穿透回响，也有利于歌手听清歌词，便于隔空对歌。

洪参议对莲花褒歌的热爱，源于邻居高姓阿婆的启蒙和熏陶。那一年，洪参议不到十岁，邻居阿婆六十多岁，这位阿婆

莲花褒歌老歌本

年轻时是个唱山歌的好手,由于命运坎坷,每当夜阑人静之时,睡不着的高阿婆便一人来到屋后的小高地,用山歌倾诉内心的情感。阿婆天天唱歌的地方,几十米开外正对着洪参议所住的阁楼窗户。

"每晚我在阿婆的歌声里入眠,就这样听了二十多年,阿婆哪天不唱了,我反而睡不着觉了。"洪参议说,阿婆几乎风雨无阻,彻夜唱山歌,直至东方吐白时回家,而雨天时会披上蓑衣,冬天则燃上一堆篝火。

村民们都习惯了阿婆半夜响起的歌声,在她的歌声里,或如泣如诉,或回忆往昔,或娓娓道来。"阿婆的歌声熏染了我,我感觉自己人生的成长过程里充满了山歌。"洪参议说,正因为高阿婆,山歌在他的心里深深扎下了根。十二三岁的洪参议,已经懂得跟着大人哼上几句,渐渐地,他从淳朴的山歌里读出生活的色彩、人生的哲理。

二

"一阵花味真清香,路边一定有花丛,若甘一蕊采相送,称赞阿娘(姑娘)会做人。"四句押韵的莲花褒歌,用闽南语演绎,它不仅仅是音乐形式,这种原生态的传统文化,像是美妙的诗。茶山上对歌,你来我往,随口脱出,自然趣味。"莲花褒歌,你可以自由地倾诉感情,心中美好的一切,都可以用褒歌来表达。"洪参议说,电影歌剧《刘三姐》所唱"山歌都是心中出,哪有船装水载来?"莲花褒歌同样如此,恰如"饥者歌其食,劳者歌其事,思者歌其情,喜者歌其乐"。

"小时候听进心里的莲花褒歌,哪里去了呢?"当二十世纪八十年代,高中毕业回村的洪参议发出这样的感慨。他得知,茶农忙于生计,电视机、广播的普及,交通便利了,这种没有旋律,略带悲调的莲花褒歌,却日渐稀少,面临着失传的危机。"没有山歌的大山,大山就失去了灵性",洪参议突然有强烈的失落感,他说,那时即便是上了年纪的老歌手,一说起山歌也只能在过往的回忆中咀嚼回味。

"那些经典的莲花褒歌,雨打风吹散落在民间,如果不及时挖掘、寻找和保护,等会唱山歌的这一代人年华老去,就再也找不回了。"洪参议割舍不下对山

洪参议整理各地搜集来的茶歌歌词

歌的深情，他开始了一个人的"长征"：开始走村串户，大量寻访老歌手，搜集整理山歌，每收一首好歌，他如获至宝。

寻访失落的山歌，洪参议不知疲倦，他多方打听，哪怕再远的村落，再偏的地方，他都义无反顾，经常披星戴月，探访乡社村落。寻访中，与小坪交界的安溪县大坪乡张子良夫妇的故事令他震撼。年轻时，两人对山歌相识，女方家长不同意，可两人放不下感情，每天相约在茶园，用山歌诉衷情，山歌实在唱得太好了，双方两个生产队的人闻歌而来，就这样两人一连唱了几十天，不仅两个人的感情在山歌里升温，通过山歌的抗争，两人终成眷属。"回忆起当年与山歌的情缘，夫妇俩还洋溢着幸福。"洪参议说，每一首山歌的背后，都有一个美丽的故事，更坚定了他搜集整理山歌的信心。

就在过去的三十年间，洪参议探访褒歌歌手上百人，采录搜集了褒歌歌词近五千首，涵盖爱情、农作、劝孝、劝学、戒赌等主题，搜集的老歌本甚至有创作于民国时期的，尤为珍贵。

三

莲花褒歌是一方百姓在生产劳作中，与大自然的生活斗争中创造的山间文化。每个山头都是天然的舞台，歌唱时没有伴奏，山里的鸟鸣就是伴奏；没有听众，山里的茶树、花草就是忠实听众；没有掌声，山泉就是不竭的掌声。洪参议说，没有旋律的莲花褒歌，魅力在山民们的心中，山歌也不仅仅是山歌，还是茶农们劳作时的汗巾、疲劳时的安慰、清除烦恼的良药、姑娘的笑脸、青年男女的媒人。

"手提茶卡系半腰，盘山过岭采茶叶，一叶半叶要采拾，采茶无嫌大小叶。"时隔二十年后，二〇〇七年正月十五元宵节，十里八乡的人涌向小坪生态茶园，首届莲花褒歌赛，唱响原生态的山歌。"久违的莲花褒歌唱响大山，大山的灵性又回来了"，激动的不只是洪参议，还有山里的茶农，城里慕名而来的专家学者。时至今日，莲花褒歌赛已连续举办十三届，还吸引泉州、漳州、台湾等地的山歌手组团来参赛，影响力和知名度越来越大。

洪参议与莲花褒歌有着不解之缘

  在厦门市、同安区文化部门的重视和扶持下,莲花褒歌被列入省级非物质文化遗产名录,洪参议被推为项目的省级代表性传承人。十多年来,莲花褒歌的复兴,倾注了他的心血。他先后搜集几十本老歌本,整理出不下五千首莲花褒歌,放眼全国的原生态民歌,其保存数量之多,令人叹为观止。二〇一八年下半年,《莲花褒歌》歌选结集出版,其中收录了一百五十首经典褒歌,或是闽南地区第一本褒歌专辑。

  如今,莲花褒歌频频亮相于大众舞台,越来越多的市民得以聆听这种原生态歌声。"传承褒歌,这还远远不够,褒歌还需要系统提升,比如舞台欣赏效果等。"洪参议探索着褒歌传承新路径,"社会需要山歌,山歌必须有人传唱",他还结合舞蹈、情景剧等形式,创作《茶园情歌》等作品。二〇一九年七月,洪参议作词的《褒歌调·茶乡来了总书记》入选二〇一九中国原生民歌节。据同安区文化和旅游局介绍,这是改革开放以来,同安区首次有文艺节目入选国家级高规格演出。

  "莲花褒歌能够给年轻人带来多大的成长?这个问号很沉重!"洪参议说,莲花褒歌的扎根,在于校园的传承,他一直努力推动。在中小学教育阶段,效果似乎不太理想。不过,让他欣慰的是,同安莲花褒歌成为文化现象,引起高校、学者的重视。厦门大学、集美大学、华侨大学等高校,纷纷邀请洪参议进校园,山歌唱到高校课堂上,专家还对莲花褒歌展开课题研究。他说,莲花褒歌是乡村文化的精华,褒歌给高校学子带去传承传统文化的情怀。

  如今,走进小坪国家森林公园腹地,茶园如画,河谷蜿蜒,有一处五十亩的山地,依托莲花褒歌传习中心。今后将建成褒歌文化园,未来,这里将成为山歌手的晒歌场,交流分享山歌,还将与乡村旅游相结合,让游客走进莲花褒歌的发祥地,聆听乡土之音。

知人之鉴

苏华琦(厦门市文化馆副馆长)

  如果说,因为一座大山、一亩茶园、一种歌声、一位邻居,启蒙、熏陶和培

育了洪参议这位莲花褒歌的传人；那或许应该说，是洪参议的热爱、执着和倾注，让莲花褒歌在复兴的道路上探索前行、薪火相传。

人物名片：

洪参议：一九六三年十月出生于同安，同安莲花褒歌省级非遗代表性传承人，三十年来，足迹踏遍山歌曾经流行的各个区域和村落，采录搜集山歌约五千首。莲花褒歌传习中心获"厦门市闽南文化生态保护实验区先进集体"，他个人获"厦门市闽南文化生态保护实验区建设工作先进个人"称号，创作的歌曲《褒歌恋》获厦门市第六届"群鹭奖"铜奖等。

林丽虹：
博采众长，粉墨人生唱传奇
—— 同安歌仔戏市级非遗代表性传承人

"流多少泪,出多少汗,有多少心酸,多少感叹;日复一日,年复一年,千万个故事,唱在里面。"在闽南传统戏曲舞台上,歌仔戏是深受群众喜爱的地方戏曲剧种,同安歌仔戏市级非遗代表性传承人林丽虹,几十年粉墨人生,塑造了诸多经典角色,唱演着别人的故事,演绎着自己的出彩人生。

歌仔戏是现存剧种中唯一源起于台湾的戏曲剧种,是闽台文化渊源的见证。林丽虹从艺,历经磨难与艰辛,充满泪水、汗水,她对艺术的执着与坚持,不仅让同安歌仔戏赴台演出享誉台湾,也在新时代的文化传承中绽放异彩。

一

从小就展现出对艺术的喜爱,年仅十二岁的林丽虹进入村里的高甲戏团当学徒,别人演戏的时候,她在一旁边看边琢磨,打杂,跑龙套,苦活累活抢着干。戏团团长看在眼里,认为这是个好苗子,能吃苦必能成器。一年之后,团长就推荐她到同安歌仔戏团进行专业化训练。

虽然只有十四岁,但林丽虹心中有一个演员梦:"我当时就想当一名演员,舞台和掌声让人羡慕。"她说,从艺的道路并不像想像中容易。回想三十多年前,当年苦练基本功的情景仍历历在目,歌仔戏演员要唱也要演,起初高音唱不上去,一大清早,林丽虹便爬起来练嗓子,为了练好气息,她一边扫地一边跟着节奏唱。舞台上少不了翻跟斗等幅度大的动作,她天天早起,头朝下脚朝上,靠着墙壁练功。为了训练柔韧性,天天压腿,压得走不动路。正是这样的用功和悟性,短短几年,林丽虹成为同安歌仔戏团的"台柱子"。

"她演谁像谁,是一个不可多得的综合性演员。"戏团的老同事评价。演出时遇到突发状况,林丽虹能够临危受命。有一回,剧团应邀赴新加坡演出,天气太热了,夜场演《女英传》,女主角生病了无法上台,林丽虹临阵救场,观众完全未察觉异样,她赢得满堂彩。林丽虹说,除了演好自己的角色,平时她也喜欢琢磨戏里的各种不同角色,几次三番,整场戏的台词也就烂熟于胸了。

林丽虹传承歌仔戏

二

歌仔戏称"芗剧""台湾戏仔",源于"台湾歌仔唱"。一六六二年,郑成功收复台湾,大量闽南人移民台湾,用闽南方言演唱的锦歌、民歌随之在台流传。台湾艺人糅合闽南锦歌、车鼓弄和当地民歌,形成歌仔调,进一步吸收车鼓、采茶等演艺精华形成歌仔戏。歌仔戏表演博采众长,有京剧的端庄、梨园戏的雅致、高甲戏的诙谐,又有越剧的清丽。二十世纪二十年代至今,歌仔戏在闽台两岸深入人心。

在歌仔戏舞台上,林丽虹塑造过不少经典角色,至今戏迷们津津乐道。比如,她饰演西宫娘娘,同一场戏里可展示其花哨、娇气、威严、狠毒的多面性格,其演绎让人印象深刻。多年前赴台湾地区交流演出,二十多天连演十多场,场场爆满,一票难求,观众达上万人次,当地戏迷拉住她的手不肯松开,舍不得离去。她还用歌仔戏演绎"荷叶说唱","荷叶说唱"是同安特有的说唱艺术形式,一人

饰演四五个角色,难度极大,她成为同安"荷叶说唱"的代表人物,她的"荷叶说唱"还登上央视《曲苑杂坛》节目。

相比舞台上的风光,与同安歌仔戏团同舟共济的日子更让林丽虹铭记于心。成立于一九五二年的同安歌仔戏团,曾是同安人精神生活的重要载体,那时候钟楼百货大楼(已拆)一带还有专门的歌仔戏台,"那时候歌仔戏要凭票观赏,想买个票都得托关系"。

到了二十世纪八十年代初,剧团开始走下坡路,出于生存需要,剧团不得不背井离乡出外演出。漳州、泉州等地都留下剧团的足迹,回想起那段经历,林丽虹心有余悸。有一次在南安演出,戏台突然塌了,剧团演员伤了好几个。在外演出,条件艰苦时,演员们集体住牛棚,外面下着大雨,牛棚里铺上一层稻草,演员们席地而卧。下乡的艰苦可想而知,更可怕的是,下乡想找个干净厕所基本不可能,要讨碗热水喝都不容易,甚至没地方住宿,只能到荒废已久的老宅落脚。

尽管如此,三十年过去了,对歌仔戏的热爱,林丽虹始终如初,哪怕在剧团最困难的时候,她摆过地摊,开过露天大排档,以贴补家用,却不曾放下心中对歌仔戏的热爱。"吃过那种苦,现在即使再忙,我们也是很感恩。"林丽虹说,困难是一笔宝贵的财富。

三

近年来,闽南特色的传统歌仔戏,在电视、网络等现代传播媒介的冲击下日渐式微,今后如何生存发展,身为同安歌仔戏市级非遗代表性传承人林丽虹忧心忡忡,她也在不断探索和寻找答案。

有"中国音乐史上的活化石"之称的南音是林丽虹业余的一大爱好,近二十年来,她师从名家并在南音领域不断沉淀,屡获奖项,她从中发现,南音的歌词、唱法可借鉴并引入歌仔戏,南音的高雅让歌仔戏更有艺术感染力,歌仔戏和南音的融和改良,别有一番韵味。

在与台湾歌仔戏团交流中,她认识到,同安歌仔戏不能唱"独角戏",可结合台湾歌仔戏口语化等优点,融入更多现代元素,避免过于舞台戏曲化,同时,

在立足传统基础上,调式上可以更加柔和,让歌仔戏更有艺术感和现代感,拉近与观众的距离,成为男女老少观众喜爱的通俗艺术。

四

为了更好地传承同安歌仔戏,在二〇一二年厦门市"两会"上,作为市人大代表的林丽虹专门提了"关于进一步推动闽南民俗文化进校园"的建议并引起重视。她说,以歌仔戏、南音等为代表的闽南民俗文化,是联系闽台两岸人民共同精神家园的纽带,这些优秀而独具特色的民俗文化正面临严峻冲击和挑战,特别是中小学生对这些民俗文化知之甚少。她建议,建立闽南民俗文化入校园的机制,常态化开发课程、强化师资、开展活动。二〇一三年,同安歌仔戏团改制,林丽虹调整到同安梧侣文化中心工作,集中精力从事传承工作,她始终奔走、授课,为了让更多孩子爱上歌仔戏和南音,"身为闽南人,不能不懂闽南本土的剧种"。

二〇一六年年初,林丽虹被确认为同安南音区级非遗代表性传承人。为传承南音,让南音走向大众化舞台,林丽虹不遗余力参与在苏颂公园广场的南音公益

林丽虹指导年轻小演员

展演,从二〇一七年开始,为期一年。在这一年中,很多来自南音公益班的中小学生加入进来,登上这一南音大众舞台,其间林丽虹利用个人的休息时间,承担了大量辅导工作。

二〇一七年,林丽虹成为同安区首批民俗文化人才。林丽虹的歌仔戏、南音传承工作做得有声有色。每周三,她到新圩小学教授南音;每周四,她到西塘小学传授歌仔戏;每周五,她到凤岗小学教南音;每周五晚上和周六下午,她在同安文化馆传授南音;每周日上午,她在梧侣文化中心传授歌仔戏。此外,她在区级歌仔戏和南音公益培训班均承担重要的教学任务,忙忙碌碌的林丽虹乐此不疲。

知人之鉴

陈艳秋(厦门艺术学校戏曲表演教师、国家二级演员)

我和林丽虹老师从二〇〇二年的厦门青年歌仔戏剧团赴台演出时就相熟、相知,因同样的热爱和执着的精神,我们结下深厚的友情。她仿佛一个不知疲倦的"陀螺",几十年来在同安这块丰饶的土地上,孜孜不倦、从一而终地传播她所热爱的歌仔戏、南音。她仿佛一朵暗香长留的兰花,在歌仔戏、南音专业领域里热烈地、美好地绽放芳香。

人物名片:

林丽虹:一九六九年出生,二〇〇八年成为同安歌仔戏市级非遗代表性传承人,目前也是同安南音区级非遗代表性传承人。从艺三十多年,现主要从事闽南文化的传承工作(歌仔戏和南音),参与编排的南音表演唱《咱厝南音》,获第二届福建省曲艺"丹桂奖"大赛二等奖、厦门少儿曲艺大赛二等奖;编排的《穆桂英出嫁》获厦门市第二届闽南艺术节戏曲类一等奖;编排的三个南音节目获厦门市第十八届南音唱腔比赛一等奖一个、二等奖两个。

李伟新：
入古出新，抒写书艺新境界
——中国书法家协会会员、同安书法家

　　他有两个茶盘，一个茶盘是方的，另一个茶盘也是方的，不为别的，他只是习惯每天在家里和店里的方形茶盘上用手指蘸水涂写练字，赋予汉字新的生命形态。在同行眼中，李伟新的书法堪称"速成"，仅用四年时间，就敲开中国书法家协会的大门。

　　对于书法艺术，李伟新执着于"入古出新"，从古人书法艺术中汲取智慧，既倚重字内技法，也探究字外功夫。书法不是一家之乐，李伟新选择以文化担当为笔，以满腔热忱为墨，抒写同安书法艺术新境界，薪火传承同安文化。

一

　　五岁识字，七岁时接过父亲手中的笔，挥毫为全村五十多户村民写春联，孩提时代的李伟新虽然对书法懵懵懂懂却颇有天赋。当同龄孩子在沙地玩耍，他也在沙地上玩，只不过，他玩的是用树枝写字。从小对写字感兴趣，看到结构好的字就一遍一遍地写，家里有一高一低的凳子，那是他长年累月练字的地方。

　　上小学一年级，李伟新第一次出黑板报，其中"向雷锋同志学习"几个毛体大字写得惟妙惟肖，引来全校老师围观，以至于高年级出黑板报时纷纷请他帮忙。由于他识字多，字写得好，小学阶段几乎没拿过铅笔，一年级班主任还掏钱买了一支钢笔送给他，允许他用钢笔写作业。到同安县城读初中时，小学校长盖新房的石柱需要镌刻对联，特地搁置工期，等他暑假回来书写。

　　虽从小喜爱书法，不过，真正点燃李伟新学习书法的热情，却是书法家叶水湖的一次馈赠。二〇〇五年，偶遇叶水湖并获赠多幅书法作品后，李伟新十分感动："这是导火索，给了我莫大的鼓励，隔天，我就买来了文房四宝，从此埋头苦练书法。"从那时起，吃过晚饭到凌晨时分，他的手机基本处于关机状态，李伟新躲进书房看书，练字，每日不离纸笔。

　　苦练书法的李伟新如痴如醉。二〇〇八年七月，他在工作室潜心创作册页书法作品，打算投稿到中书协主办的全国书法展，在书桌一角，放着一瓶调墨用的泉水，他全身心投入创作，刚写完兴奋不已，随手将瓶中的水拿起来一饮而尽，察觉味道有异样，才发现水已经放了一个来月，瓶壁上长满青苔。最后，他创作

的这幅作品被中书协评为入展作品。

二〇〇九年,他再一次用作品说话,正式成为中书协会员。短短四年,李伟新叩开中书协的大门,他不曾料想,五年前,在同安区书协成立的那一天,他还是在门口徘徊不敢进去报名的书法爱好者。

生活中,不管是家里,还是店里,李伟新习惯买平面、直角平坦的茶盘,他有在茶盘上用茶水涂写的习惯。"用茶水在茶盘上写字,这是习惯使然,以至于朋友开我玩笑,好茶到了我手里,总泡不出好茶的味道,我心不在茶。"用手指蘸水在茶盘上涂写,见缝插针练字,日复一日,年复一年。李伟新认为,书法要进步,离不开勤学苦练的"笨功夫"。

二

书法是中华文化中独特的艺术,有音乐的跌宕起伏,有太极的行云流水,有古琴的香色韵味。想成为一名书法家,不仅要求字内功夫一流,字外功夫同样如此。

虽在书法上有一定名气,李伟新却有自己的想法。一年内,李伟新去了浙江大学五次,每次半个月,参加全国书法教师高级研修班,"从中学习做学问的方法,学习书法的规律,探究变化万千的书法现象"。他说,对书法的理解,通过系统学习理解才能更深一层。

二〇〇五年,对李伟新来说是个分水岭,他从书法爱好者向书法专业人士转型。"学习书法必须有书法理论支撑,走一条正规的学习道路",他对书法相关理论的学习如饥似渴,每年都要从邮局广泛订阅书法、美术、文学等门类的书籍。书店是他最经常光顾的地方,每次走出书店,左右手都会提着沉甸甸的书,因为买的书多,他的购书卡在几个书店的折扣都是最低的。他还爱书成癖,别人借去的书,不管有还没还,都得重新买上一本。

随着学习的深入,他认为,一位成熟的书法家,单靠技法远远不够,"当书写者写书法时,头脑中就应有一部中国的书法史。好的书法,能够做到'表情达意',情感的投入,从而赋予书法生命力,做到心手双畅,什么样的内容,需要

李伟新书法推崇入古出新

什么样的情绪,这也是书法的魅力所在。"他说,创作时,书法家的内心应该澎湃不息,字里行间充满感情,创作出书法作品才能够雅俗共赏。

"经典的书法作品,共性大于个性。学好书法,必须入古才能出新。"李伟新善于琢磨书法规律,从古人的智慧中汲取营养,书法需要勤学苦练,他举例古人的书法理论:苏东坡认为"笔成冢,墨成池,不及羲之即献之;笔秃千管,墨磨万铤,不作张芝作索靖"。书法更需要通其意、悟其道、明其理。李伟新说,书法绝不是写写现成的,手腕上的功夫相对易于把握,一个善于用功的人,足以掌握一定的技巧,有技巧之后成为书匠的人也不少,但是,最终也进不了书法家的行列。

近几年,求字的人越来越多了,他最怕有人叫他写字,"欠字债"颇多,尽管如此,"要创作好一幅作品很难,对作品的内容、书写风格、章法布白都得几经思考,几经尝试,不能草率急就",李伟新如是说。

三

二〇一九年四月底,同安出海口"东大门"——石浔水闸改建工程竣工验收,

成为厦门"最高颜值"的水闸,新落成的石浔水闸也是厦门第二大水闸。红瓦斜坡,飞檐翘角,不管是坐在福厦动车上,还是自驾途经沈海高速石浔段,大老远就能看到新落成的石浔水闸上镌刻着"石浔水闸"四个红色大字,字体富有古韵和美感,与建筑外观相得益彰。"石浔水闸"四个大字,通过书法集字得来,字体取自理学大师朱熹。"书法集字,是书法从临摹到创作的过渡,高度还原了古代书法名家的笔法章节",李伟新用书法集字,为落成的石浔水闸增添文化古韵。

二〇一八年,同安区继苏颂公园之后,建设大型文化主题公园——文笔塔公园,以文笔塔为核心的公园及周边,是厦门地区文物古迹遗存密度最高且无断代的历史文化区。文笔塔本身是同安文脉的象征,世人都传同安文运勃兴缘塔而起。文笔塔公园正在打造成为一扇展示"古同安今厦门"文化底蕴的窗口,"文笔塔公园"五个书法大字,同样请李伟新集字,采集自朱熹的墨迹。他说,比如"园"字,集字取自"国"和"远","塔"字由"含""地""花"三字来集字,颇费一

李伟新致力于同安书法传承

番心思。李伟新认为，书法集字，真实地还原了古人书法，表现了对古人的崇敬，集字要求对名家的古字帖有深入研究，再进行设计创作，做到极致。

同安是"钟表鼻祖"苏颂故里，不过，苏颂存世的墨迹非常少见。李伟新致力于寻找苏颂墨迹。二〇〇八年他打听到《宋代书法全集》一书收录有苏颂墨迹，不过，没能找到。二〇一三年他几经辗转，从厦门一位书法家处获得苏颂墨迹资料，使其得以保存下来。

四

二〇一八年七月，庆祝改革开放四十周年——福建省第二届国展获奖书家书法作品邀请展在同安区文化馆开展。展览邀请福建省在历次中国书协主办的全国性书展中获奖的作者参加，本次展览汇聚了六十位当代最具实力的福建书法家，展出一百多幅精品力作，这对提高同安区书法水平意义深远。这次高规格书法展览，主要由李伟新创办的永和九年书院策划执行。"请进来和走出去并重，交流才能更好地看清自身不足，高规格的书法展览，对于什么是专业书法，同安书法界有了一个更清晰的认识。"近十年来，李伟新致力于同安书法交流。

勇于担当，为同安书法传承不遗余力。二〇一一年同安书画院成立，这是厦门唯一的区级书画院，作为常务副院长的李伟新，致力于推动同安书法水平的提高。同年，同安书画院联合中国书法家协会邀请刘文华、王忠勇等八名教授来同安，为书法爱好者授课，规格之高在当时的厦门并不多见，此举点燃了同安书法的学习热潮。依托同安书画院平台，积极开展交流和培训，他不仅希望同安书画院能成为学术研究、学习平台，还能带动同安书画艺术走向市场，以市场来检验作品的价值。经过近几年的努力，同安区的书法艺术水平迅速提高，全国书协会员、省级会员、市级会员不断涌现。

目前，李伟新在同安创办"永和九年书院"，立足中华优秀传统文化，意在传承先贤文脉，传播书法知识，培养书法人才。每周都开设各种书法培训，如工会职工、教职工书法培训等大型书法普及培训，开办书法高考培训班，指导多名学生考入各大美术院校及各类综合性大学的书法专业。如今，他还在为同安打造

更好更高的书法平台奔走,他期待,能够在同安举办全国性的书法活动,出更多的书法人才,挖掘本土历史文化底蕴,打造全国的"书法之乡"。

知人之鉴

方一凡(厦门市书法家协会副主席、厦门市青年书法家协会主席)

同安文化积淀深厚,书法人才辈出,然书法传承多以师生因袭,故难免书风相近。李伟新在书法艺术领域有情怀,有追求。平时孜孜以求,努力探索,不断提高创作水平,作品屡屡入选全国大展,在书坛崭露头角。同时,勇于走出去求学,大胆邀请全国名家进来讲学,创办永和九年书院传播书艺,为扩大区域书法交流不懈奔波,为同安书坛引入新风,推动同安书法总体水平的提高。

人物名片:

李伟新:出生于一九七〇年,中国书法家协会会员、福建省书法家协会青年委员会委员、厦门市书法家协会理事、厦门市青年书法家协会常务理事、同安书画院常务副院长、同安区书法协会名誉会长、同安永和九年书院院长、同安区第五届拔尖人才、同安区首届民俗文化人才,书法作品多次在全国、省市等各级展览中入展、获奖。

江开良：
兼收并蓄，传承正统阵势
——厦金宋江阵市级非遗代表性传承人

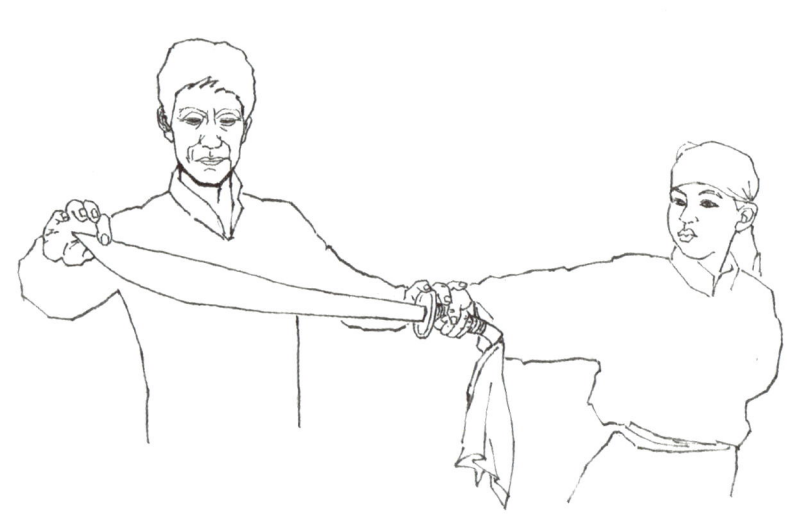

"文看车鼓弄,武看套宋江",谚语中的"套宋江"说的就是名声在外的宋江阵。近年来,在同安宣传部门、文化部门扶持下,同安宋江阵传承有力,有汀溪镇造水、洪塘镇郭山、莲花镇淡溪、祥平街道西湖四支宋江阵传承队伍。江开良是造水宋江阵的灵魂人物。

二〇一〇年,以同安造水宋江阵为代表的厦金宋江阵项目入选省级"非遗"保护名录,挂牌闽南文化生态保护实验区保护试点。作为市级非遗代表性传承人,敦厚朴实的江开良,不乏创新精神,他继承传统,兼收并蓄,在他带领下,一批宋江阵传承人走进校园,推动青少年学生习武成风。

一

宋江阵是民间武术团体演练形式,集南少林武术、舞蹈、杂技等为一体。每周二、周四、周六,同安汀溪学校会出现这样一道奇妙景观:百名男女学生,身着古装手持兵器,伴随着高亢鼓点,如猛虎下山操演阵势。在呐喊声中,阵势不断变换,内外圈阵、长蛇阵、八字形阵、环螺阵相继上演。很多人不曾想到,如此娴熟的动作和演技,出自这些还只是小学三年级到六年级的学生。

"师傅,师傅,这把大刀怎么耍,才会更有气势?"接过学生手中的单刀,

江开良带领团队赴金门演出　　受访者供图

江开良凌空跃起,带刀空中旋转一百八十度,调转方向后双脚稳稳落地,刀锋直抵目标跟前,学生们情不自禁鼓掌。从二〇一一年九月开始,市级非遗代表性传承人江开良有了新任务,深入汀溪学校,为学生传授宋江阵技艺。经过八年的持续传授,从汀溪学校陆续毕业的小学生有两百人以上熟悉宋江阵,很多的孩子练习宋江阵的时间长达四年之久,在这所学校,轻轻松松就能找出几支能够上台表演宋江阵的学生队伍。

"宋江阵有着悠久历史,学生的传承至关重要,从小学开始学起,不仅能强身健体传承技艺,还能学习民间传统文化。"江开良希望,尽自己绵薄之力,搭建一座传统文化传承的桥梁。他还邀请了淡溪宋江阵的李土锅、李金章、李金钗等传承人和师傅,一起为汀溪学校的孩子们常态化上课。

每当看到练过宋江阵的孩子们手脚灵活、弹跳自如、站步稳当,江开良感到欣慰。每年学生们会在非遗日、文化节、国庆节、儿童节等重要日子表演宋江阵,每年对外演出十多场次,他见到传统阵头游艺传承的蓬勃动力。二〇一七年十二月,厦门市文化馆为汀溪学校"闽南传统表演艺术传承点"授牌。

不仅在学校,在汀溪镇造水村,一栋两百多平方米的平房里,每周都有几十人一起操练宋江阵,这里是成立多年的"造水宋江阵传习中心"。在同安区委宣传部和汀溪镇重视支持下,该中心得以建成,肩负着守住宋江阵文化的使命。"有了固定基地,不仅宋江阵队伍训练常态化,下一步还要与更多中小学展开长期合作,免费招收学生,让宋江阵深入校园。"江开良信心满怀。

二

据同安区文化馆介绍,厦金宋江阵源于明代抗倭斗争中的军旅步战武术阵法和乡团训练,郑成功抗清时将此法普及推广,随着历史的发展,演化成为海峡两岸人民喜爱的武舞结合的演艺阵头。

江开良讲述,当他还是十五岁的少年时,造水村里练习宋江阵人数众多,且涌现不少好手,那时起他开始接触宋江阵。"小孩子喜欢舞刀弄枪,起初觉得有趣好玩,深入接触才发现其蕴藏的文化内涵。"江开良先后跟过四名师傅研习宋

江阵，在师傅指点下，他很快能演练十多种兵器套路，包括单兵器演练和对打。为了掌握宋江阵精髓，他找到一栋老祖厝闭关练功，苦练（甚至一度把手摔断）。四年后，他成为造水村宋江阵的高手，当老师傅相继过世，传承宋江阵的重任便落到了他的肩上。

江开良说，宋江阵不是单兵作战，而是一个勠力同心的团队，团队成员几十人，陆续会有人离开，考虑到宋江阵的传承，他一改徒弟拜师学艺的习惯，身为师傅的江开良做了一个决定：挨家挨户上门收徒。有一次，宋江阵中缺了一个使长柄斧的角色，他到处物色，终于找到了一个好苗子——江木才，不料，遭到小江父亲反对："年轻人要出门赚钱，整天练阵能有什么出息！"江开良好说歹说，最后，家长同意观察一个月，他天天去看江开良带着年轻徒弟操演宋江阵，躲在暗处观察了一个来月，最后，老人家被江开良所感动，全力支持儿子练习宋江阵。

从喜欢上宋江阵到传承宋江阵，江开良坚持了三十年。宋江阵在学校的传承已经步入正轨，在乡间的传承，仍然是他心中的顾虑。"人总是会老的，总有练不动的时候，在村里找个接班人还是很难。"他说道，宋江阵在民间的传承，接力棒不能在他手上丢了，他希望有年轻人能接上。

三

宋江阵是海峡两岸人民喜爱的民间体育娱乐活动，也是传统、优秀的民俗广场表演艺术。同安是宋江阵主要发源地之一，金门的宋江阵就是从厦门同安传过去的，因此金门宋江阵演武模式与厦门地区基本相同。

在江开良带领下，造水宋江阵打出了名气，金门的学校也慕名求艺。据介绍，金门宋江阵传内不传外，传承面临困难。二〇〇五年，江开良带着教练组应邀前往金门西口小学授课四十多天，为当地五十多名学生传授宋江阵技艺。隔年，再次应邀到金门传艺四十多天，他们将宋江阵毫无保留地传授。

"传统技艺也需不断创新，才能永葆活力。"此前，在同安区委宣传部支持下，江开良不断对宋江阵阵法进行创新，他前往登封少林寺和当地多所武校取经，经过二十多天学习，将各派武术套路与宋江阵传统套路融会贯通，在原有阵法基础

江开良在汀溪学校传承宋江阵

上独创盾牌阵，新阵法以单刀和盾牌为道具，招式灵活，变化多端。同时，结合少林武术，创立八卦棍阵。创新融合之变，大大提高宋江阵的舞台观赏性。

"保留传统技艺基地上，不断创新的古老民俗才能走得更远。"江开良表示，未来的厦金宋江阵，还要与乡村旅游相结合，以宋江阵为代表的民俗文化可以更好地融入旅游景区的配套项目，设立民俗活动展演区域，让旅游产业发展更有动感和文化内涵，市民在游览美景的同时，能欣赏和亲身体验富有地方文化特色的阵头表演，通过搭乘旅游的"顺风车"，让宋江阵这一同安传统民俗文化品牌更响亮。

知人之鉴

叶亚莹（厦门市非物质文化遗产保护中心调研员）

从事非遗工作多年，我与传承人江开良多有接触，特别是调研宋江阵以来，印象中为造水宋江阵贡献自家大厝的"憨汉"俨然成长为在同安全区努力耕耘传

承的宋江阵痴汉。作为人大代表的江开良,再忙他依然不忘传统文化的传承和保护,特别是能主动联合其他队伍和传承人开展进校园活动,建设传习中心,开展两岸交流活动,为宋江阵的保护传承做出了较大贡献。

人物名片:

江开良:同安人,出生于一九七三年七月,厦金宋江阵市级非遗代表性传承人,研习宋江阵近三十年,在种植有机蔬菜之余,将大部分时间和精力倾注宋江阵传承事业。

郑天泗：
重铸锡魂，断层百年再延续
——同安锡雕省级非遗代表性传承人

在同安祥平街道祥桥社区莲湖里十二号，一栋三层民房里，每天"叮叮咚咚"的敲打声不绝于耳，这里是福建省级非物质文化遗产代表性项目同安锡雕的传承地。银光闪闪的锡，在千锤百炼的手工敲打中，变身组合为千姿百态的艺术品，登上了中国工艺美术的殿堂。

同安锡雕省级非遗代表性传承人郑天泗和同安锡雕市级非遗代表性传承人庄亚新夫妇苦心孤诣，在艰难中坚持，在坚持中创新，在创新中复活，让一度断层百年的同安锡雕再延续。同安锡雕走向全国的历程中，他们不忘初心，精雕细琢，以"匠心"铸"匠魂"。

一

郑天泗和庄亚新夫妇俩，是厦门仅有的从事锡雕的草根艺人，师从民间打锡艺人。郑天泗原先在工厂做设计、雕刻泥塑，庄亚新长期在工厂里设计手工布花，而后夫妇俩因锡结缘，学成出师。二〇〇四年自立门户加工制作锡的宗教器具销往台湾地区。一度因市场饱和，夫妇俩苦于接不到活，迷茫之际，二〇〇七年网上一组锡雕照片让夫妻俩眼前一亮："没想到锡竟能够做出这么漂亮的工艺品。"夫妇俩看到希望，看到了锡雕的光芒，决心把传统的打锡器晋级为锡雕工艺品，开始钻研锡雕新技艺。虽然有一定的基础，可艺术创作道路并不平坦，两人一天到晚都在琢磨锡雕，"一吃完饭，我们就关在房间里，系上围裙，敲敲打打，钻研一道道工序"，郑天泗说。

"从构思一个作品，到它们在你手里成形，那种幸福感和满足感难以言表。"庄亚新说，比中了彩票还高兴。不过，现实的困境和压力，让夫妻俩一点也轻松不起来。

尽管坚持创作多年，从二〇〇七年到二〇一〇年下半年，两人却始终没卖出过一件锡雕作品。邻居、朋友、亲戚的质疑接踵而至，让两人十分苦闷。庄亚新说，她一度想放弃，重返工厂打工，支持丈夫继续钻研锡雕，"可咬咬牙，我们还是坚持下来，经常是边干活边吵架，吵完散了，又回来一起干活"。

从二〇〇八年到二〇一三年，郑天泗和庄亚新夫妻俩一边做锡雕，一边送煤气贴补家用:"一家人送完煤气疲惫不堪回到家中,大门一关,推开二楼的门,我们就像进入了另一个世界,灯光下,屋子里做好的一件件锡雕银光闪闪,看着这一切,再苦再累,心里也很满足。"庄亚新说,锡雕是当时唯一的精神寄托。

有一年过春节挺心酸,过年时家里仅剩六百元:"六百元买不了海鲜,要招呼客人,最后买了六只鸭子回来。吃团圆饭时,桌上摆着鸭汤、卤鸭、炸鸭翅、鸭肉火锅。"不堪回首,提起六只鸭子过一个大年的往事,庄亚新和郑天泗的眼泪在眼眶里打转。

郑天泗专注创作锡雕

"我们从没想过,这么漂亮的工艺品做出来了会没人要!"庄亚新意识到,要维持锡雕作坊正常运转,市场认知度和认可度尤为重要,"人们不认识锡雕,这是我们面临的最大难题"。后来,在《厦门晚报》、同安电视台等媒体关注下,同安锡雕名气逐渐走高。

"每次几乎快没钱的时候,总会有订单适时出现,帮我们渡过难关,更坚定了坚持下去的勇气。"夫妻俩的坚持,还源自对锡雕的信心。据查证,现今台湾地区有一位出身"锡器世家"的国宝级大师陈万能,祖籍同安,一百多年前,陈大师先祖带着同安制锡工艺到了台湾彰化鹿港,传承至今。"同安没有人做锡雕,让同安断层百年的锡雕技艺再延续,正是我们想做的。"郑天泗说。

二

为了打开锡雕的知名度,夫妻俩频频参展。二〇〇九年,带着锡雕参加厦门佛事用品展,经济上的压力,只能与人合租摊位,其间连二十元快餐都舍不得叫。参展前两天一无所获,"其实我的压力很大,筹备参展,丈母娘甚至拿出了仅有的卖地的存折,如果展销再没起色,我都不知道回家怎么去面对老人,家里就剩几百元了"。郑天泗的担忧终于在第三天化解,佛具展最后一天,一家寺庙花了七千元买下了他们手工制作的锡器,这让俩人大受鼓舞。

二〇一〇年十一月,他们再次以七千元卖出作品《对莲》,另一件作品《长寿瓶》则摘取中国工艺美术百花奖铜奖。郑天泗夫妇通过代工台湾锡雕佛具用品,基本解决锡雕作坊生存问题。"做锡雕终于可以养活自己了,不过,我们终究要回归高端路线,有突破的信念,相信艰难都会过去。"郑天泗说。

二〇一三年,郑天泗和庄亚新夫妇俩带着作品,到厦门会展中心的厦门佛事用品展租下摊位,虽然连续参展多年,这一年却和以往有所不同,以前带去的是大件锡雕作品,比如佛像、灯具,这一次带去的主打产品是几十件小作品,有巴掌大的葡萄叶,有比小拇指还小的小蜗牛,两件小物件看上去十分可爱。

结果出人意料,第一天,锡雕葡萄叶和小蜗牛卖光了,两人激动不已,回到家连夜赶做一批,第二天再度脱销,第三天,还是火爆。"太意外了,我们的锡雕作品,竟然如此受欢迎。"厦门佛事用品展结束,郑天泗和庄亚新算了一下,营业额达到三万多元,不仅如此,葡萄叶和小蜗牛的订单源源不断,短时间内又卖出四万多元。赚到人生的第一桶金,这一刻,夫妻俩等待了整整六年。

不忘初心,方得始终。一步一个脚印,夫妻俩不曾想过放弃锡雕,锡雕也回

郑天泗和妻子庄亚新携手传承同安锡雕

馈他们希望,"我们经常带作品参展,总能遇上机会,只要坚持就有希望。"郑天泗说,二〇一三年是他们人生的转折点,不仅产品卖脱销,而且经过多年努力,二〇一三年六月,郑天泗成为"同安传统锡雕技艺"市级非遗代表性传承人。

从最初的无人问津、举步维艰,甚至冷嘲热讽,到逐渐打出名气,锡雕渐入佳境,夫妻俩百感交集。"一路的摸索和钻研很难忘,被认可的感觉真好,给了我们很大的鼓励和坚持下去的勇气。"郑天泗说。在同安文化部门的关心支持下,断层一百多年的同安锡雕得以"复活"再延续。

三

银城同安千年史,敲得锡艺百年传。二〇一三年五月,"银敲"商标注册成功,现在,郑天泗和庄亚新手工制作的每一件作品,都打上"银敲"商标。"这个商标就像一口警钟,时时提醒我们,不要因为追求经济利益,而断了手工技艺。"郑天泗说,对锡艺而言,只有坚守传统手工,这个行当才不会昙花一现。

夫妻俩也陆续尝试制作大件的本土历史人物锡雕，苏颂、陈嘉庚、陈化成等厦门本土名人都是他们的创作对象，"锡雕人物创作是最难的，要努力做到形神兼具，让每一个细节活灵活现。"郑天泗在创作上不断突破自我。

如今，夫妻档锡雕作坊除了日常订单外，还与室内装饰、摆件、茶器、香器、佛器、饰品、礼品、艺术品等相互融合，也能进行个性化"私人订制"，作品价值从十多元到六万元不等，年销售额上百万元，锡雕不仅能进入高档场所展示，也能飞入寻常百姓家。

二〇一七年，郑天泗成为同安锡雕省级非遗代表性传承人，庄亚新成为同安锡雕市级非遗代表性传承人。二〇一八年五月到七月，中国文化和旅游部、教育部、人力和社会资源部开办中国非物质文化遗产传承人研修培训班，郑天泗被录取参加研修。

"科技是淘汰式的，文化是叠加式的。"郑天泗说，坚持用传统手工技艺制作锡雕，尊重锡艺，不能让这么精巧的技艺失传，这是传承人的责任和使命。单靠继承还不够，还必须创新发展。去年，他的一件锡雕作品《共筑大业》摘取了中国工艺美术协会颁发的"金凤凰"创新产品设计大奖赛的银奖。《共筑大业》呈现方台之上九只蚂蚁合力抬起一片落叶的景象，表现形式和技艺都有所创新，画面栩栩如生，很好地诠释了"团结的力量"。

庄亚新说，与金银相比，锡相对冷门，俩人也在不断创新尝试，比如锡雕与铜材结合，创作出更绚丽的色彩；锡雕与福州大漆结合，做茶器和香器，两种非遗碰撞出别样动人的火花。夫妻俩不断提高整体工艺水平，希望有朝一日将锡"硬而不刚，柔而不软"的特质发挥到淋漓尽致。

而今，同安锡雕成为业内手工锡艺的代表，郑天泗和庄亚新一研发出新产品，屡屡被模仿，在网上卖火。夫妻俩更青睐走进课堂，与高校学生交流传统技艺，现在也与同安中小学合作，开辟第二堂课，"同安非遗进校园，从小在孩子们的心田播下艺术种子，期待有一天开花结果。"现在，郑天泗还打算在世界文化遗产鼓浪屿岛上，筹办一家锡雕非遗体验店，让中外游客有机会领略同安锡雕的文化魅力。

> **知人之鉴**
>
> 杨广敏（厦门市民间文艺家协会创会主席、集美大学教授）

郑天泗、庄亚新是两位较早有文化自觉性和文化使命感的年轻人，他们多年来致力于锡雕工艺的传承和创新，历尽艰辛，坚持不懈，难能可贵。为了让锡雕在厦门传下去、活起来、用得上。

人物名片：

"同安锡雕"是福建省级非物质文化遗产代表性项目。郑天泗是省级代表性传人，庄亚新是市级代表性传承人。锡作品《长寿瓶》获中国工艺美术"百花奖"铜奖；锡作品《富贵吉祥》获二〇一三年由中国工艺美术学会海峡两岸文化产业博览会、台湾工艺家协会联合举办"中华优秀作品奖"银奖；锡作品《福禄寿喜》获中国工艺美术学会举办的海峡工艺博览会优秀作品评比金奖等。

郑天泗，出生于一九八〇年，厦门市同安传统锡雕技艺传习中心主任、中国民间文艺家协会会员、福建省民间工艺专家、厦门工艺美术大师、厦门市工艺美术学会副会长、厦门市第九批拔尖人才、同安区首批民俗文化人才。

国祺中学：
承续不辍，御前清音传习两世纪
——全国（南音）特色学校

在厦门环东海域核心地带,同安湾内的丙洲岛非常特殊,其扼守着同安出海口的门户。在历史上,丙洲流传着"龟蛇把水口,大牛来塞头,鳄鱼泅不到"的谚语。入夜时分,有人在丙洲岛的"蛇头"处(东北部)面朝大海,夜弹琵琶,伴随着西南风,古朴、典雅、舒缓、低徊的南音飘到大海对岸的崎头宫,对岸的弦友闻曲而动,跑着海路来岛上倾听。

在清代同安丙洲,"唱大曲,行大船"十分盛行。这里是民族英雄陈化成故里,他也是一位南乐高手。海风吹拂了数百年,号称"中国音乐史上的活化石"的南音,在这一海岛呕哑不断、承续不辍,其背后不仅有陈清好等人的坚守,更有国祺中学近三十年来的"播种育苗",使之千载不衰,抚慰人心。

一

道光十年。春。

丙洲岛靠海的乡道,一边是蔚蓝的大海,一边是绿色的田畴,远见海天一色,直挂云帆;近看春满田野,草长莺飞。

新任福建水师提督陈化成荣归故里。

"乡里前有妈祖宫,乡里后有大枞榕。红砖仔厝翘厝脊,生我养我的老家就在眼前。想细汉,学南音,唱大曲,行大船,烧酒大口饮。门口埕,做游戏,学关公,英勇忠心。去台湾,练武艺,学兵经,为的是,保家卫国忠朝廷。化成我,今日为官一任,更牢记,祖公恩,家乡情。"

这是同安古装小戏《陈化成下轿》的片段,再现了民族英雄陈化成与南音的渊源。

"唱大曲(南曲),行大船",在清代的丙洲岛十分盛行。位于同安出海口的丙洲岛,原为海岛,四面环海,村民以海为生,在清嘉庆初年,丙洲人从事海运居多。同安丙洲社区南乐协会秘书长陈进水考证,当时的丙洲渔民,驾驶着商船,时称"大北船",船载南方的红糖等物产北上,再将北方的棉花等物产运送南下,因棉花太轻,还要取北方的石头作"压舱石"。当时正值南乐风行闽南地区,在沿海航运水路线上,丙洲人流行"摇船唱大曲"。

据老一辈的弦友所传,清嘉庆七年(一八〇二年),同安丙洲村里,各个角落的"闲间"就有群众自娱自乐的南乐演唱,哼唱南音,成了丙洲村男女老少的嘴上绝活。丙洲村有了同安早期的南乐演唱的雏形。一八六二年,在厦门打工谋生和买卖经商的丙洲人,把这种雅好带到厦门各地,他们发起成立曲馆"同华阁",工余闲暇必到曲馆,以弦会友。

"英雄故里话英雄,丙洲之子陈化成,就与南音结下了不解之缘。"厦门同华阁南乐社主任陈清池说,据传,陈化成的父亲陈前哲在村里,以办私塾授南音为生,陈化成六岁学南音,入伍前,他捕鱼、行船等海面作业样样精通,还是村里公认的南音高手。任水师提督驻厦期间,虽军务缠身,陈化成也忙里偷闲,在草埔埕家中抚琶弹唱。他对丙洲南音甚是关注,曾捐俸银托人购置乐器,修缮曲馆。即使到了今天,海峡两岸的南音爱好者中,也有不少陈化成后裔,如成长于厦门,陈化成的五世孙陈江渠,不但四管精通,还能雕制乐器,故有"莫道将军大树摧,琵琶弹出响如雷"之说。

清音传世界,好韵穿云霄,丙洲南音生生不息。一九九三年,丙洲南音社(丙洲社区南乐协会前身),由陈清好和陈水福等人共同组建。二十多年来,以八十四岁的陈清好为主,陈水福等三位老人为辅,四人加起来有三百多岁,四个老人无论刮风下雨,每天晚上坚持在村里的祠堂为孩子们上南音课,从未间断,先后培养和输送了数百名学生。"爱南音、唱南音,我们都得了南音的'病'。"陈水福动情地说。

陈清好说,学南音的丙洲孩子从三岁到十五岁不等,都是幼儿园和中小学生,每天傍晚六点半,老师们准时去祠堂开门,等家长带孩子过来学习。放假期间,每晚学唱两首曲子,开学后,孩子们一个个轮流学唱腔,唱完回家做作业。二十多年来,老人们一直义务教学,分文不收。从厦门市第一届南音比赛开始,每一届都有南音社的学生获奖。二〇一〇年,厦门市委市政府专门为陈清好颁发了"从事文艺工作六十年荣誉奖"证书。

值得一提的是,一九九五年五月三十一日,丙洲南音社的陈燕评、陈明红等八名儿童南乐新秀,赴京参加欢庆"六一"国际儿童节文艺演出。在北京中南海

丙洲南音社生生不息

怀仁堂,她们演出了新创作的南曲表演唱《盼团圆》等节目,演出后受到中央首长的亲切接见并合影留念。

二

一九九〇年,菲侨陈国祺夫妇捐资,在丙洲岛创办厦门市国祺中学。多年来,国祺中学立足丙洲,充分发挥丙洲社区民间南音底蕴深厚、传承有力这一得天独厚的优势,把南音作为办学特色,推进闽南文化进校园。

"国祺中学把南音引入课堂,融入音乐教育,开始了南音薪火传承的重要使命。"国祺中学音乐教师、南音社负责人吴宝雅介绍,二〇〇〇年,国祺中学开始实施"南音进入课堂,弘扬乡土文化"南音课题研究。之后,每学期安排三节南音课,南音正式进入初一、初二、高一、高二课堂,让学生了解南音,学习南音的演唱、演奏方法,几乎是全员学南音,可谓"人人唱南音,班班有歌声"。

事实上，教南音的吴宝雅老师也是"半路出家"，她学的是二胡专业，起初对南音的了解有限，"刚开始我也听不懂，更谈不上会唱，但是，南音很美很动听，很快我就喜爱上南音，我一边学习一边教学。"吴宝雅是同安本地人，擅长闽南语歌曲演唱，对闽南歌的韵味把握得不错，学习南音时，她的演唱有韵味，情感也足，加上她有多年的舞台经验，学起南音来进步更快。同时，南音乐器二弦、三弦、琵琶，与二胡都有相通的地方，同样学南音乐器，她驾轻就熟。加上南音老师王小珠、谢国义的指导，吴宝雅在南音的学习上突飞猛进，第一次参加厦门市南音唱腔比赛就获了二等奖。

吴宝雅回忆起跟随王小珠老师学习南音时的场景，"上课中，常看她左手按弦百无一失，右手五指在琴上抡捻点挑，轻巧灵动。自弹自唱时，所有的感情随着曲调旋律的流转，完全融入于指尖琴弦的疾缓抑扬之中。再将情感表达于演唱之中，老师常常弹唱得忘我，我也学得忘我。"她说，老师的演唱字正腔圆、情真意切，演奏娴熟精练。她认为，南音的演唱是用音乐化的闽南语言来打动听众的。一个好的演唱者，只有优美动听的嗓音是不够的，重要的是还要把握清晰准

吴宝雅带领国祺中学学生们传习南音

确的演唱语言。只有把握好演唱语言，才能够表现乐曲的思想内容，通过演唱传达，引起听众情感上的共鸣和联想。吴宝雅边学边教，组织队伍、开展活动、课后集训，她忙得不亦乐乎。

国祺中学副校长张明亮介绍，南音常态化进课堂，国祺中学开展了普及教学。为弘扬闽南乡土音乐文化，进一步培养南音人才，学校还成立潮声南乐社。刚开始组建时主要成员就是这些丙洲本土有南音基础的学生，她们每周开展专业训练。从二〇〇八年开始，国祺中学举办全校性的南音合唱比赛，每个班级演唱不同的南曲，全员参赛并从中发现好苗子，该赛事每一年都举办。二〇一二年度和二〇一五年度，南音社被厦门市教育局评为"优秀社团"。

从二〇一〇年起，学校陆续开发了南音校本教材《南曲初步一》《南曲初步二》《南曲初步》等，在音乐课堂上普及传承。最近，由国祺中学编写的《千载南音》成为同安区"全领域阅读"辅助读本，在同安区全区中小学推广、传承南音艺术。

二〇一二年七月，国祺中学被教育部中国教师发展基金会评为"全国（南音）特色学校"，吴宝雅老师被教育部中国教师发展基金会评为"全国特色教育优秀教师"。

多年来，依托南音的普及教学以及潮声南乐社的成立，国祺中学南音结出硕果。不仅在市区南音唱腔比赛、市区中小学曲艺比赛中屡获佳绩，二〇一三年，全国第四届中小学生艺术展演中，国祺中学南音斩获一等奖。

三

南音具有独特的民族风格和浓郁的乡土气息，极富感染力，能够抚慰人心，可谓是"断不了的根脉、离不了的乡愁、停不下的传承"。近三十年的弘扬传统、砥砺创新，国祺中学南音办学特色自成一格，办学成效日益凸显，源源不断向高校输送了南音专业人才，二〇〇六年至今，该校每年都有学生考入泉州师院南音本科班、集美大学音乐系等专业艺术院校，学校的南音教学，受到福建电视台、厦门晚报社、厦门卫视等主流媒体的关注，受到社会各界的好评。

南音以闽南方言演唱，因其文词雅俗并茂，浅白易懂，而扣人心弦。曲调柔

婉清和,文静高雅,古朴文美,朴实无华,不装腔作势,一切出于自然。她华彩而不失纯朴,雕琢而不失自然。欣赏和表演南音是极好的艺术享受,精神上、品格上也能受到很好的熏陶,她既娱己又娱人,令闻者虑荡而忧忘,意悦而情抒。

陈燕惜五岁开始接触南音,中学就读于国祺中学。"南音对于我来说,俨然我生活中不可或缺的一部分,不仅提高个人素养气质,也让我对待任何事物都更为沉稳大气。"她说,在吴宝雅、王小珠等老师的专业指导下获奖不少,在深入学习南音过程中,南音就像是"聚宝盆",源源不断的正能量,永远学不完,越学越有趣。

陈评屏同样是五岁开始南音启蒙,从懵懂的年纪开始,在南音的旋律中,培养了乐感和对吐音咬字的理解。"当时还不识字,也不懂在唱什么,跟着老师傅口传心授,咿咿呀呀唱,虽不懂意思,老师一字一句教我们念歌词,向我们解释歌曲的时代背景和歌曲的故事。"陈评屏说,没想到一学十几年,每天下课吃完晚饭,就会和邻居小朋友们一块儿去祖厝跟着老师傅学唱,一开始是唱腔,后来是乐器,老师傅默默无闻,培养了一批又一批丙洲学子,令人钦佩。

"直到现在我出来工作,心中仍怀抱感恩,如果没有当初启蒙老师的引导,就没有今日如此热爱音乐工作的我。"陈评屏进入国祺中学读高中时,成为学校文艺骨干,多次代表学校参加市、区南音唱腔比赛和曲艺大赛并获奖。她说:"每周的南音社团教学,不管从曲目的演唱、口型、表情、眼神、发音、气息……老师都特别用心教。"

一直到上高中,柯志聪都没认真听过南音,然而正是南音,改变了他的人生轨迹。他在国祺中学喜欢上音乐,在吴宝雅老师建议下,以考取泉州师范学院南音专业为目标。吴宝雅把他拉进南音兴趣班,与一群从小学甚至幼儿园就开始学南音的学生一起练习,只要有外出学习和演出机会,老师也会叫上他。高三时,他能用二弦、琵琶表演南音曲目了。参加泉州师院艺术考试前一天晚上,同样毕业于国祺中学,在泉州师院就读南音专业的陈梅娟对柯志聪进行特训,最后他取得第五名的好成绩。如今,柯志聪也成为一名教师,"通过教育教学影响我的学生,鼓励他们参加南音表演、比赛,学习并传承千年古乐南音。"

　　陈巧燕从小在南音氛围浓厚的丙洲社区长大，考进国祺中学后跟吴宝雅老师研学南音，大学毕业后成为厦门的一名幼儿园老师。"吴宝雅老师鼓励我，不要放弃南音，要把南音带到幼儿园课堂，让更多的孩子认识南音，了解南音，学唱南音，把南音传承下去。"于是，陈巧燕开始了幼儿园的南音探索，坚持每周为园内南音社团孩子教唱南音，学生们在厦门市第二十一届南音比赛中，摘取了团队综合组"十佳团队""最佳台风奖""优秀创作奖"等荣誉。

　　祖籍山西的王瑾是吴宝雅很有印象的学生，她在音乐课上发现，王瑾声音条件很好，可惜不会讲闽南话。在国祺中学从初一到高三的南音学习，不知不觉扭转了王瑾的人生航向。"南音是我学习生涯中最让我值得骄傲的事。六年来，南音融入了我的生活，给我的学习生活带来了光彩。"不是本地人，王瑾学习南音就更难了，发音对于她来说很绕口，不好记忆，于是她就以标拼音的方式进行深度记忆，就这样从磕磕巴巴到朗朗上口。王瑾讲述，南音的演唱和演奏都讲究站姿和形态，在学习表演过程中，让她在无形中得到体态和形体锻炼。南音的一字一句也很讲究，演唱时要管理好面部表情，特别是眼神，最能体现状态和气质，举手投足、形体动作都要做到自然轻松。古韵悠悠的南音，激发了她对民族音乐的热爱。

知人之鉴

谢国义（厦门市南乐团原副团长，福建南音省级非遗代表性传承人，二弦演奏家）

王小珠（福建南音省级非遗代表性传承人，琵琶演奏家，南音演唱家）

　　二〇〇九年十月一日，"福建南音"正式被联合国教科文组织列入人类非物质文化遗产代表作名录。保护南音，就是守望我们的精神家园，继承南音，就是增强我们的软实力，弘扬南音就是复兴中华传统文化的重要途径。

　　为了弘扬南音，国祺中学在各个年段的音乐课加入南音的教学，在吴宝雅等音乐老师的辛勤教学下，成绩十分突出，每年都培养出许多爱好南音的学生，为南音播种育苗。许多同学因学南音而踏入高等学府，毕业后又进入中小学当音乐

老师，继续传习南音，如此良性循环，我们相信，千年古乐南音，一定会更兴旺，我们的精神家园一定会更美好。

吴宝雅老师是我们的优秀学生之一，为了更好地把南音传授给学生们，不管刮风下雨，经常利用休息时间来找我们学习南音，请教南音这门艺术，其执着地追求，努力地学习，不仅为国祺中学的孩子们传授南音，其本身多次参加各级南音比赛，多次获得一等奖等好成绩。

项目名片：

国祺南音，扎根传统，底蕴深厚。二〇一〇年十二月，厦门市非遗中心正式授牌国祺中学"南音进校园"中学示范点；二〇一二年七月，学校被教育部中国教师发展基金会评为"全国（南音）特色学校"；二〇一四年六月，国祺中学获评"厦门市闽南文化生态保护实验区先进集体"；二〇一七年，国祺中学被厦门市教育局评为"闽南文化艺术特色校"；二〇一八年，国祺中学与厦门市南乐团联手，被授予"戏曲进校园工程"团校共建单位；二〇一八年十月，海峡两岸民间艺术节南音专场在国祺中学举办。

国祺南音专业教师吴宝雅，全国特色教育优秀教师、省教育学院艺术教育研究所音乐教育研究中心兼职教研员、省曲艺家协会会员、省艺术教育协会会员、闽南师范大学南音学会客座教授、厦门市音乐学科带头人、南音区级代表性传承人。曾获评"厦门市闽南文化生态保护实验区建设工作先进个人"称号，南音传承教学曾获得全国一师一优课部优奖，个人南音演唱获厦门市南音唱腔比赛一等奖等荣誉。指导学生参加南音唱腔比赛多次获市级以上一等奖，指导的节目曾获全国中小学艺术展演一等奖、福建省中小学曲艺比赛二等奖等成绩。

二〇〇八年一月，报社派遣我赴厦门岛外同安区、翔安区驻站，不经意间成为报社"管得最宽"的记者（注：厦门陆域面积约一七〇〇平方公里，同安区和翔安区陆域面积超一〇〇〇平方公里，比六个厦门本岛还大），这些年风风雨雨跑新闻，一直在路上。

驻站同安多年，这本书的缘起，可追溯至六年前同安区委区政府为我在《厦门晚报》上开辟的"同安文话"专栏，该专栏的命名，受时任同安区委常委、宣传部部长何玺的建议，在二〇一三年同安孔子文化节开幕式上，现任厦门市委宣传部副部长、厦门日报社党委书记、社长江曙曜和同安区委常委、区委办主任林国财共同为我授匾开栏，开幕式后，报社江总当面嘱咐我："此专栏用心经营可出彩。"专栏人物在报纸上连续刊登三个月，先后刊登二十五位同安文化艺术人物，囿于版面所限，每篇人物稿仅有一千来字。

由厦门知名书法家叶水湖题写的"同安文话"四个大字的书匾悬挂于同安区委宣传报道组办公室白墙至今。二〇一七年年底，一次闲聊时，与我全程配合的摄影老师何东方提议，《同安文话》若能完善并结集出版的话，对当代同安文化颇有意义。回想自己驻站同安十年有余，文化新闻接触不少，手头积累了一定数量的第一手素材，若能为

千年同安留存一些有史料价值的文字，那是一件倍感荣光之事，于是我决定尝试。

事非经过不知难。从二〇一七年十二月到二〇一九年五月，《同安文话》一书先后采录完成三十位当代同安文化艺术界名家、省、市级非遗项目代表性传承人，还完成书中唯一的一个非遗集体项目——国祺中学南音。在报纸"同安文话"专栏基础上，人物重新回访，新增采访对象，每一位人物深度挖掘成稿。一年半的时间，几乎没有周末、假期，与何东方老师一起，一次次与采访对象会面，只为采访到第一手资料。采访中，这些白发苍苍的专家、学者、代表性传承人令人感佩，其中五人年龄超过八十岁，十四人年龄超过七十岁，他们是同安文化的瑰宝和财富。若不及时留存其影像，记录其事迹，将是同安文化艺术保护的莫大遗憾，进行抢救性记录已刻不容缓，我们责无旁贷。

同时，一个不容忽视的现状：古同安今厦门，有着千年底蕴的同安，当代同安文化艺术传承如何？在同安区近年来已出版的书籍中鲜有系统记录。由此，我们瞄准一个方向：系统地盘点当代同安文化艺术的家底，关注同安文化艺术的当代传承，以求填补当代同安文艺的空白，为同安留存一份文化底稿。

此书得以顺利出版，要感谢中共厦门市同安区委书记黄燕添和全国著名儿童文学作家、冰心文学奖得主童喜喜亲自为本书作序。感谢同安区委常委、区委办主任林国财，得知此书的创作情况后，他当即拍板支持，随后召开的区委宣传部部务会确定本书的出版计划，将该书出版纳入同安区庆祝新中国成立七十周年活动，在区委常委会上讨论明确。同安区委宣传部常务副部长何岚岚、同安区委文明办主任林拥护、同安区社科联主席林永富、同安区文联主席吴永红、同安区委宣传部副部长申长清等领导都为本书的出版给予了鼎力支持，在此一并致谢。

在本书创作过程中，感谢何东方、何金挺两位老师热忱帮助，何东方老师为本书全程摄影，利用业余时间加班加点，对摄影作品精益求精；何金挺老师为本书所有对象画人物速写，精心设计封面；蒋大营老师一直关心出版进度，帮忙修改、校对全书；严宗珍老师为本书篆刻印章"同安文话"；福建省曲艺大咖宋永贤、作家陈满意为本书的出版提供了专业建议。同安区文联原主席陈美玲、原副主席方翊，同安区文化和旅游局余新春、范世高，同安区委文明办张荣森、林文足、陈阿珍，同安区档案局叶少静、同安区委党校叶文彬、同安一中黄松明、同安区文化馆洪松梅等好友，给予鼓励和支持。帮助过我的朋友还有许多未能一一列举，在此衷心感谢。最后，要感谢我的家人，在本书的主要创作过程中，刚好女儿黄姝涵出生，家人的默默付出，让我能够腾出时间和精力专心采写。

"一九七五年二三月间，一个平平常常的日子，细濛濛的雨丝夹着一星半点的雪花，正纷纷淋淋地向大地飘洒着。时令已快到惊蛰，雪当然再不会存留，往往还没等落地，就已经消失得无踪无影了。黄土高原严寒而漫长的冬天看来就要过去，但那真正温暖的春天还远远没有到来。"这是作家路遥传世之作《平凡的世界》的开场白，看似平凡却是那样的真实鲜活，感人至深。写后记的一个夜晚，我的脑海里猛然闪现了路遥的《平凡的世界》。

这就是平凡的世界。有的只是最平凡不过的生活，和在生活中不断艰难前行的普通的人们。《同安文话》采录的三十一个对象，他们没有轰轰烈烈，没有波澜壮阔，但有平凡的坚持，他们可贵的坚持，几十年如一日，在同安当代文艺传承地图上，刻下醒目的坐标，绘上斑斓的色彩。我出生于泉州南安的普通山村，一路求学到福州，最后落户厦门工作，平凡却始终不忘坚持，内心始终坚信，坚持定能有所改变。

致敬平凡，平凡的人们，给我们最多感动。《同安文话》中的人们，

在他们生活过的土地和岁月里,守护同安文物,延续古城文脉,留住城市历史。同安文艺的当代传承,还有许多默默无闻的人,值得我们继续关注,深入挖掘。

  书中一些地方有适当引述,在此向原作者表示感谢。囿于经验不足和个人水平所限,虽尽力而为,书中纰漏在所难免,恳请广大读者批评指正,作者互动邮箱95495230@qq.com。感谢有您。

己亥年仲夏于厦门浔江之畔